Georg von Viebahn

Verlobung
Heirat
Ehepraxis

Trachsel Verlag
Frutigen

ISBN 3 7271 0078 8

TELOS-Paperback Nr. 1234
Copyright 1983 by TRACHSEL VERLAG, CH-3714 Frutigen
Umschlag: E.Trachsel-Pauli, Frutigen
Alle Rechte vorbehalten
Satz: TVF Frutigen est
Druck: St.-Johannis-Druckerei, D-7630 Lahr-Dinglingen
Printed in Germany - 1983

Übersicht

Vorwort

Dieses Buch ist für junge Leute bestimmt, die in völliger Aufrichtigkeit einzig und allein *den Weg* gehen wollen, der auch unter dem völligen Wohlgefallen des Herrn steht. Für solche Menschen kann es eine äußerst wertvolle und den richtigen Weg weisende Hilfe bedeuten.

Andere junge Leute, die sich nicht so sehr um die göttlichen Richtlinien der Heiligen Schrift und um Gottes Wohlgefallen kümmern, können sich eine gründliche Lektüre dieses Buches ersparen. Solche Leute werden sowieso früher oder später — meistens viel früher, als sie es für möglich hielten — in maßloser Enttäuschung, statt echter, göttlicher Freuden und Segnungen, das verzweifelte Elend und Wehe ihrer Freundschaft oder ihres Ehelebens erfahren. Wenn sie dieses Buch trotzdem jetzt noch lesen wollen, dann möge Gott es schenken, daß auch sie darin jene Hilfe finden, die sie vor Schlimmem bewahren und ihrer erwünschten Ehe eine vorausgehende Gabe himmlischer Freude verleihen kann.

Zum Thema Liebe und Ehe veröffentlichten wir 1981 unter dem Titel „Dein eigen bis in den Tod" einige wichtige Gedanken, die Pastor Ernst Modersohn vor 45 und vor 60 Jahren aufgeschrieben hatte. Wir standen unter dem Eindruck, daß dieses Büchlein trotz der vielen Bücher, die in unseren Tagen zum erwähnten Thema veröffentlicht werden, eine echte Lücke ausfüllen würde. Wir glauben, daß sich unser Empfinden bestätigt hat. Nach wenigen Monaten durfte „Dein eigen bis in den Tod", das auch hier wärmstens empfohlen sei, bereits eine weitere Auflage erfahren.

Und nun wagen wir nochmals ein Buch zu diesem heißen Thema! Und nochmals stammt es nicht aus sinnlichen und kassenträchtigen Motiven eines Zeitgenossen! Nein, diese Zeilen wurden sogar noch vor Modersohn, vor über 70 Jahren niedergelegt, und zwar von dem weithin bekannten Generalleutnant z. D. Georg von Viebahn. Erstmals erschienen diese Gedanken in den Jahren 1909, 1910 und 1912 in

„Schwert und Schild" und werden nun hier in einem Sammelband zusammengefaßt.

Weil diese äußerst inhaltsreichen Ausführungen Viebahns sich ebenfalls auf das zeitlos gültige, unveränderliche und unvergängliche Wort Gottes stützen, sind wir auch von diesem wesentlich umfassenderen Buch der Überzeugung, daß es gerade jetzt einem wirklichen Bedürfnis entspricht. Möge der Herr dieses Buch ganz neu mit Seinem himmlischen Segen begleiten und für viele Leser zu einem bleibenden Gewinn werden lassen.

Ernst Trachsel-Pauli

Ein letztes Stück aus Eden

Vom Garten Eden ward der Mensch verstoßen,
weil er gesündigt wider Gottes Wort,
doch einen Segen nahm er, einen großen,
aus jenem Wonnegarten mit sich fort:
Dem Menschen blieb durch Gottes Gnadenschickung
ein reicher Quell der Tröstung und Erquickung,
ein himmlisches Juwel, ein hohes Pfund —
das ist der Ehe gottgeweihter Bund.

Es gleicht die Welt dem ungestümen Meere,
des schwarze Flut so manches Schiff verschlang:
Im Kampfe stoßen sich die Völkerheere,
die Schwerter klirrn zum lauten Schlachtgesang;
der Zwietracht Flamme zehrt am Menschenmarke,
den Schwachen würgt im Wettbewerb der Starke;
da schaut manch Herz nach Frieden sehnend aus:
Er zeltet noch im stillen, trauten Haus.

Zum Kerker ward die Welt, der seine Kette
um Tausende von Menschenseelen warf.
Nennt mir auf Erden eine freie Stätte,
wo ungestört die Liebe walten darf!
Zeigt mir den Ort, wo zarte Hände pflegen
den Wandrer, der erstarrt auf rauhen Wegen,
wo Ruhe winket nach des Tages Streit! —
Das ist das Christenhaus, dem Herrn geweiht.

Dort, wo vor Gottes Angesicht zum Bunde
zwei Herzen sich gefunden innig, zart,
dort, wo auf Seines Wortes Felsengrunde
ein schlichtes, trautes Heim errichtet ward,
da ist's, als ob ein Paradies uns grüßte,
da grünt's oasengleich in dieser Wüste,
da gehn des Himmels Boten aus und ein —
da hat der Herr Sein Zelt, da ist gut sein!

Da, wo die schwache Frau in treuer Liebe
dem Manne, ihrem Haupt, ist untertan;
wo durch des Heil'gen Geistes sanfte Triebe
der Mann der Frau in Liebe geht voran —
da blühn auf Erdenbeeten Himmelsrosen.
Da wird geschaut ein Gleichnis von dem großen
Geheimnis heil'ger Gottesliebe Macht,
die hell vom Kreuze strahlt in ird'sche Nacht. —

Durch diese Liebe wird verwandelt werden
die ganze Schöpfung, die der Freiheit harrt:
Im neuen Himmel, auf der neuen Erden
wird uns erstattet, was geraubt uns ward.
Johannes sah die Braut des Lammes kommen,
das Neu-Jerusalem, die Stadt der Frommen;
dies Paradies wird keine Sünd entweihn —
das wird der Ehe himmlisch Urbild sein!

B. Kühn

Ehe abschaffen! — Warum nicht?

Die letzten Jahre brachten mehrfach Zeitungsberichte von großen, überfüllten Versammlungen, in denen Männer und Frauen öffentlich für die Abschaffung der Ehe auftraten. Der Grundsatz der freien Liebe wurde verfochten, verbunden mit dem Vorschlag, die Erhaltung und Erziehung der Kinder auf Staatskosten zu übernehmen. Diese überspannten Äußerungen erschienen auf den ersten Blick nicht bedenklich; man war geneigt, dazu dasselbe zu sagen, was Bismarck einem Manne antwortete, der ihm einen sozialistischen Stimmzettel im Wahllokal anbot: „Soweit sind wir noch nicht!" Trotzdem sind solche Versammlungen mit ihrem agitatorischen Treiben als Zeichen der Zeit zu beachten. Vom Geist dieser Zeit sagt das Wort Gottes, daß er „wirksam ist in den Söhnen des Ungehorsams" Epheser 2, 2. Dieser antichristliche Zeitgeist bereitet die Herzen der Menschen vor für die Auflösung aller göttlichen und menschlichen Ordnungen.

Um das Ansehen der Ehe zu untergraben, benutzt der Fürst der Welt noch andere Mittel, die wirksamer sind als jene Agitation. Dazu dient vor allem jene weit ausgebreitete Literatur von Romanen, Novellen und illustrierten Blättern, welche die Mißachtung der Ehe planmäßig betreiben. In gleichem Sinne wirkt eine große Auswahl moderner Theaterstükke; ihre pikante Aufführung trägt mächtig dazu bei, vor dem großen Publikum den Begriff der ehelichen Treue lächerlich zu machen. So wird der Gedanke populär, daß Ehebruch nichts Schlimmes sei; wer noch meint, er werde von seiner Frau nicht hintergangen, sei ein Dummer; eine Frau, welche an die Sittenreinheit des Mannes glaube, verdiene es, verspottet zu werden. So wird das Ansehen der Ehe in den Kot gezogen. Es gibt kaum eine Nummer der Witzblätter, welche den Hauptbestandteil der an Kiosken feilgehaltenen Literatur bilden, worin diese Färbung nicht zu finden wäre. Dem entsprechen zahllose Dichtungen, Humoresken, Bilder, Ansichtspostkarten und vor allem die Billighefte der Krimis und Schauerromane.

(Es ist immerhin zu bedenken, daß diese Zeilen aus den Jahren 1909 - 1912 stammen. Was hätte der Autor, General von Viebahn, wohl gesagt, wenn er die seitherige Entwicklung miterlebt und um die Zustände der jetzigen 80er-Jahre gewußt hätte? — Denken wir doch nur an die heutige Flut pornographischer Literatur, an Kinos und gewisse andere Häuser, wo Sexualität und deren Perversion in jeder nur denkbaren Möglichkeit öffentlich zur Schau gestellt werden. Denken wir an die weltweite Ausstrahlung dieses Seele und Leib vergiftenden Sumpfes durch die Television. Außer den in Offenbarung 3 im Sendschreiben an die Gemeinde Philadelphia anvisierten Treuen der letzten Zeit, hat doch heute praktisch jede Familie mit dem Fernsehen ihr eigenes Heim-Kino! Sogar viele zu den wiedergeborenen Christen sich zählende Menschen verbringen eine Menge kostbarer Zeit vor dem Bildschirm, ohne sich dabei Rechenschaft zu geben, welch antichristlichem Machtmittel sie damit in ihrem Haus und Heim Raum gewährt haben.)

Wer wollte sich einbilden, daß solche Aussaat nur Theorie bleiben würde? Nein, diese Anschauungen werden durch ungezählte wilde Ehen und unsittliche Liebesverhältnisse in die Praxis übersetzt. Daß Männer mit Frauen auf Zeit, solange es paßt und dem einen oder andern gefällt, miteinander wie Mann und Frau wohnen und leben, ist, besonders in den großen Städten, eine nur allzuhäufige Erscheinung. Dabei sind alle Kreise unseres Volkes beteiligt, Vornehme und Geringe. Diese Dinge werden auch nicht mehr zugedeckt; nein, sie spielen sich unter Mitkenntnis der Hausbewohner und vor den Augen und Ohren der Kinder ab. Letztere erblicken im Leben das, was sie im Schaufenster der Bücherläden und Zeitungsverkäufer in Wort und Bild behandelt sehen. Der moralische Tiefstand ist unleugbar ein schmerzlicher. Es liegt offen zutage, daß unsere westlichen Völker sich in einem unaufhaltsamen sittlichen Niedergang befinden.

Die schlimmsten Befürchtungen weit übertreffend sind die furchtbaren Verwüstungen, welche die im Verborgenen schleichenden Geschlechtskrankheiten unter allen Ständen anrichten.

Hinzu kommen die immer frecher angepriesenen Mittel

zur Verhütung der Empfängnis. Sie sind die Totengräber allen Schamgefühls, das Gift gegen die Keuschheit. Ihre Fortsetzung finden sie in den Verbrechen gegen das keimende Leben, die oft geschäftsmäßig betrieben werden.

(Heute, in den 80er-Jahren, wird weltweit die Pille von jungen Mädchen, ledigen und verheirateten Frauen in ungeheuren Mengen konsumiert. Und unter dem „harmlosen" und beschönigenden Begriff „Schwangerschaftsabbruch" ist ein schrecklicher Massenmord am keimenden Leben weithin legalisiert. Übrigens scheinen sich diesem Massenmorden durch die neue Pille RU 486 in Kürze ins end- und uferlose gehende neue Möglichkeiten zu öffnen. Einfach im Zweifelsfalle eine solche Pille, und ein allfällig bereits Gestalt annehmender neuer Mensch ist in aller Stille beseitigt!)

Und schließlich die Entartungen widernatürlicher Unzucht, die sich überall breitmacht und noch dazu von vermeintlich wissenschaftlichen Größen mit faden Entschuldigungen bemäntelt wird.

Nimmt man zu diesen Erscheinungen hinzu das freche öffentliche Auftreten und die schnelle Ausbreitung jenes schmutzigen Lasters, von welchem Römer 1, 26.27 redet, so wird die weitverbreitete, fast allgemeine Vergiftung der sittlichen Anschauungen, die erschreckende Schwächung des Schamgefühls, zur schmerzlichen, aber unleugbaren Wirklichkeit. Diese wird auch illustriert durch die allgemein vorhandene Voraussetzung der Unkeuschheit bei allen anderen Menschen. Dieser schmutzigen Gesinnung begegnet man im Wirtshaus, am Biertisch, am Mittagstisch, in der Kasernenstube, ja überall, wo Männer verkehren. Kürzlich hieß es in dem Brief eines jungen Mannes über die Unterhaltung seiner Tischgenossen: „Wenn du das tägliche Tischgespräch hörtest, das mit der Suppe beginnt, dann würdest du etwa viermal in der Woche glauben, du säßest in der Hölle und um dich her lauter Teufel. Über außereheliches Geschlechtsverkehr, Bordelle, Braut- und Ehefragen herrschen Ansichten, denen zufolge man denken müßte, diese Männer wüßten *nichts* vom Christentum, und daß die Gemeinheit wirklich die säugende Amme der Menschen sei."

(Inzwischen wird die in Römer 1, 26.27 angesprochene Homosexualität bewußt nicht mehr als „Sünde" bezeichnet. Sie wird lediglich als eine „andere Veranlagung" qualifiziert. —

Kürzlich wollte jemand durch die Anzeigenverwaltung „Publicitas Bern" folgenden Aufruf im „Anzeiger für die Stadt Bern" veröffentlichen: „Wer hilft mit, eine homosexuelle Christengruppe zu gründen?" Dieses Inserat wurde von der „Publicitas Bern" abgelehnt. Wir sagen: „Hut-ab vor diesem Entscheid!" — Dafür öffnete aber der „Sämann", die evangelisch-reformierte Monatszeitung, im April 1982 dem erwähnten Aufruf ihre Spalten mit einer warmen Empfehlung des Chefredaktors, aus der wir folgende Zeilen wiedergeben: „M. F. hat den Mut, zu seiner homosexuellen Veranlagung — und zu seinem Christsein zu stehen. Sein Anliegen, eine Gruppe zu bilden, in der sich homosexuell veranlagte Christen miteinander über ihre Situation, ihren Glauben, ihren Platz in der christlichen Gemeinde aussprechen können, unterstützt der ‚Sämann'. — Es ist Zeit, daß die christliche Gemeinde ihren anders veranlagten Schwestern und Brüdern ohne Voreingenommenheit in ihrer Mitte Raum gibt. Der ‚Sämann' wünscht dem Anliegen von M. F. eine gute Aufnahme."

So weit sind wir heute! „Homosexuell veranlagte Menschen" brauchen keine Erlösung und keine Befreiung mehr von ihrem schrecklichen Laster durch Jesus Christus. Sie können so bleiben, wie sie sind. Und wenn sie wollen, so können sie so sogar zum Geistlichen, zum Pastor ordiniert werden!)

Wenn der Apostel Petrus die Menschen der Namenchristenheit in der letzten Zeit prophetisch beschreibt, so sagt er: „Besonders aber die, welche in der Lust der Befleckung dem Fleische nachwandeln und die Herrschaft verachten, Verwegene, Eigenmächtige" 2. Petrus 2, 10. Zu diesen Erscheinungen treten aber noch andere schmerzliche, gewichtige, welche die gottgewollten Begriffe über die Ehe untergraben. Eine der bemerkenswertesten ist die in allen Volkskreisen zunehmende Bewegung zur absichtlichen Beschränkung der Kinderzahl.

Die Ehescheidungen mehren sich in einer erschreckenden Weise; war der Prozentsatz der Scheidungsklagen schon in den letzten Jahren vor dem Kriege ein ständig wachsender, so ist diese Zahl während der Kriegsjahre geradezu beängstigend in die Höhe geschnellt. Inwieweit viele der übereilten Kriegstrauungen, die in sehr häufigen Fällen mit einer tiefen, gegenseitigen Enttäuschung endeten, daran schuld sind, bleibe dahingestellt. Es ist aber eine tieftraurige Tatsache, daß der Krieg mit seinen jahrelangen Trennungen auch in anscheinend glücklichen Ehen oft zur Entfremdung geführt hat, die in einer Scheidung endete. Frauen daheim haben sich nicht gescheut, in der Abwesenheit der Männer Freundschaften anzuknüpfen, die zum Ehebruch führten. Und wieviel verheiratete Männer und Familienväter, auch solche im grauen Haar, sind in Feindesland losen Weibern nachgelaufen und haben sich sogar mit gegnerischen Frauenzimmern eingelassen.

Die Leichtfertigkeit, mit der heute der Weg zur Ehescheidung beschritten wird, hat ihre tiefste Erklärung in der oberflächlichen Auffassung von der Bedeutung und dem Ernst der Ehe. Es wird vergessen, daß die Ehe ein auf gegenseitige Treue gegründeter Bund ist, der beiden Teilen ernste Verpflichtungen auferlegt — Verpflichtungen, die auch in die Länge der Zeit ein gut Teil liebevolle Rücksichtnahme des einen auf den anderen, und damit eine bereitwillige Selbstlosigkeit beider Ehegatten erfordern. Aber Verpflichtungen, Rücksichtnahme und Selbstlosigkeit sind Worte, die der moderne Mensch nicht gern hört; ,,Genießen'' und ,,Sich-Ausleben'' sind seine Schlagworte!

Daher auch das immer beschleunigter eingetretene Sinken der Geburtenziffer. Das gilt nicht so sehr für die Kriegsjahre mit ihren Begleiterscheinungen, als für die vorangegangenen Friedensjahre, in denen es uns weder an Gesundheit noch an Wohlstand mangelte. Und trotzdem dieser Geburtenrückgang, obgleich unsere Gesamtbevölkerungszahl noch ständig wuchs. Die Ursache dieser für jeden vaterlandsliebenden Volksfreund sehr ernsten Erscheinung ist in verschiedenen Dingen zu suchen.

Der Mammonismus, das Trachten nach Gelderwerb und Besitz, nach erhöhtem Lebensgenuß und Wohlleben, hat den nationalen Selbsterhaltungstrieb, der sich bei gesunden Völkern in der Zahl ehelich geborener Kinder ausprägt, langsam erdrosselt. Genußsüchtige Eheleute fühlen sich durch Kinder behindert, sie wollen durch derartige häusliche Pflichten, wie es die leibliche Kinderpflege, noch mehr die Pflege einer zarten Kindesseele ist, nicht gefesselt sein. Das, was treuen Eltern bei aller Fürsorge und Aufopferung eine Quelle der Freude und des Segens, ja eine rechte Erziehungsschule ist:

die lieben Kleinen zu pflegen und aufzuerziehen, wird in einer modernen Ehe zur verhaßten Last! Welch eine furchtbare Anklage der Natur gegen unsere gebildeten Gesellschaftsschichten!

Ist es doch auch bei uns zur weitverbreiteten Anschauung unter hoch und niedrig geworden, daß in einer Ehe höchstens zwei Kinder geboren werden dürfen. Naturgemäß hat sich die Sache in der Richtung entwickelt, daß zahlreiche völlig kinderlose Ehen gefunden werden, und daß Ehen mit mehr als einem Kinde die Ausnahme bilden.

In den Kreisen der vornehmen Gesellschaft ist es durchaus nichts Seltenes, daß die Damen es mit herabsetzender Kritik belegen, wenn eine aus ihrer Mitte ihr drittes oder viertes Kind erwartet. Man stärkt sich gegenseitig in der Anschauung, daß zwei Kinder genug seien. Natürlich ist dabei niemals der Gedanke, daß man auf den ehelichen Umgang verzichten wolle; man will nur keine Kinder, und man steht sich gegenseitig bei in der Unterweisung auf diesem Wege. Die Motive des Geizes, der Geldberechnung, welche die Kinderzahl nur nach den Mehrkosten der Haushaltung und Erziehung betrachten, sind in ungezählten Ehen herrschend — vielleicht bei den Männern noch mehr als bei den Frauen. Viele Eltern dividieren ihren Besitz mit der Kinderzahl, um das zukünftige Erbteil ihrer Kinder zu berechnen und wähnen, ihren Kindern etwas Gutes zu erweisen, wenn sie den Divisor möglichst klein erhalten. Bei den Frauen kommt dann noch der Blick auf die viele Arbeit und Mühe hinzu, die ja zum größten Teil auf ihnen liegt. Statt die freudige Aufopferung einer treuen Mutter und Frau zu erwählen, zieht man die größere Bequemlichkeit und Freiheit zum Lebensgenuß vor. So einigt sich das Ehepaar gern in dem Entschluß: *Keine Kinder mehr!*

Diese Anschauungen treten vielerorts schamlos hervor als vermeintliche Lebensweisheit. Als Beispiel sei erwähnt, daß ein in Not gekommener Familienvater in das Haus eines Mannes trat, der auf Grund seines Studiums die Bibel gut genug kannte, und der nach seiner sozialen Stellung ein Vorbild guter Sitte und moralischer Anschauungen hätte sein sollen. Der Bittende legt seine Verhältnisse dar und sagt: „Ich bin Vater von neun Kindern." — Da wird ihm die Antwort: „Dann werde ich Ihnen nicht helfen, dann sind Sie schuld an Ihrer Armut. Sehen Sie mich an; ich bin seit zehn Jahren verheiratet, aber ich habe nur ein Kind."

Was sagt die Schrift von einer gottgemäß gelebten Ehe? „Deine Frau wird gleich einem fruchtbaren Weinstock sein im Inneren deines Hauses, deine Kinder wie Ölzweige rings um deinen Tisch. Siehe, also wird gesegnet sein der Mann, der den Herrn fürchtet" Psalm 128, 3-4.

Daß dies Verheißungsworte sind, welche im Erdenleben als Wirklichkeiten erblickt werden sollen, will die Welt nicht anerkennen. Das Wort Gottes übt auf die Menge keinen Einfluß aus, wohl aber beeinflussen die Anschauungen der uns umgebenden Welt manche Ehen der Gläubigen. Den gläubigen Männern sind jene Begriffe schon vor ihrer Verheiratung bekannt; den Frauen werden sie von seiten ungläubiger Verwandter, oft genug vom Manne oder von der eigenen Mutter zugetragen. Der Feind, Satan, flüstert Gedanken und Berechnungen in das Herz, welche jenen Stimmen Beifall zollen. Gegen solche Beeinflussung sind nur die gesichert, welche unter der Zucht des Wortes Gottes und im Bewußtsein der Gegenwart des Herrn wandeln.

Wir leben in den *letzten Tagen.* In höherem Maße als von den Gläubigen zu Korinth gilt es von den Gläubigen der Gegenwart, daß auf uns „das Ende der Zeitalter gekommen ist" 1. Korinther 10, 11. Unser Auge sieht rings um uns her alle menschliche Ordnung und gottgegebene Autorität in Stücke brechen unter dem Ansturm der vom Satan beherrschten Welt. Die Namenchristenheit hat sich von Gott und Gottes Wort gelöst. Das prophetische Wort zeichnet von ihr folgendes Bild:

„Die Menschen werden eigenliebig sein, geldliebend, prahlerisch, hochmütig, Lästerer, den Eltern ungehorsam, undankbar, heillos, ohne natürliche Liebe, unversöhnlich, Verleumder, unenthaltsam, grausam, das Gute nicht liebend, Verräter, verwegen; aufgeblasen, mehr das Vergnügen liebend als Gott, die eine Form der Gottseligkeit haben, ihre Kraft aber verleugnen; und von diesen wende dich weg. Denn aus diesen sind, die sich in die Häuser schleichen und Weiblein gefangennehmen, welche mit Sünden beladen, von mancherlei Lüsten getrieben werden, die immerdar lernen und niemals zur Erkenntnis der Wahrheit kommen" 2. Timotheus 3, 2-7.

Blicke dich um, schaue in das öffentliche Leben, in die

Zeitung, in die Literatur, und sage dir selbst: Ist dies Bild nicht erschreckend ähnlich dem, was wir rings um uns her im Leben erblicken? Ja, es ist eine treffende Photographie. Sobald die Ehe gefährdet wird, ist die ganze Zukunft einer Nation in Frage gestellt. Die Ehe ist das von Gott selbst erbaute Fundament der Ordnung und des Segens, nicht nur für Seine Kinder im besonderen, sondern für die Menschheit ganz im allgemeinen, ein Bollwerk für die Gesundheit der Völker. Dies ist die erste Gottesordnung; sie ist so alt wie das Menschengeschlecht. Innerhalb der Mauern der Familie ist die Pflanzstätte für alles, was Liebe und Treue heißt im irdischen Leben. Werden diese Mauern eingerissen, so bricht die Flut der Empörung und der Selbstsucht in dies Heiligtum hinein. Wo soll dann ein heranwachsendes Geschlecht noch Zucht, Wahrheit, Glauben und Selbstverleugnung lernen?

Gott hat in Seiner Weisheit in die Mitte der irdischen Nationen eine abgesonderte Schar hineingestellt, das Volk Seines Besitztums, die Gemeinde Jesu Christi. Sie ist erbaut auf der Grundlage der Apostel und Propheten, gegründet auf das ewig bleibende Wort Gottes. Dies Volk Gottes hat den Beruf, inmitten der Nationen der Erde *Salz und Licht* zu sein. Die Gläubigen sollen vor den Augen der Welt im praktischen Leben das darstellen, was das Wort Gottes sagt. In ihren Häusern, Ehen und Familien soll nicht der Geist der Welt herrschen, sondern der Geist Gottes. Sie bezeugen, wenn sie gesund im Glauben sind:

,,Wir aber haben nicht den Geist der Welt empfangen, sondern den Geist, der aus Gott ist, auf daß wir die Dinge kennen, die uns von Gott geschenkt sind" 1. Korinther 2, 12.

Jedoch dieser hohe Beruf vermag nur da das Volk Gottes vor den zerstörenden Wirkungen des antichristlichen Zeitgeistes zu bewahren, wo man in Demut und Wachsamkeit wandelt. Fehlt es an letzterem — und wie vielfach fehlt es! — so ist auch das Heiligtum der christlichen Ehe und Familie gefährdet. Die Fluten der Welt, die zerstörenden Mächte der Sünde können dann hereinbrechen — ja, leider ist dies schon vielerorts geschehen! Welch ein Unglück für die Gemeinde Gottes, wenn dies Fundament des Segens erschüttert oder verdorben wird!

Das große Geheimnis

Die Ehe der Gläubigen ist nach Gottes Wort das irdische Abbild von dem ewigen Urbild und Vorbild: *Christus und die Gemeinde*. Christus ist das Haupt Seines erlösten Leibes, der Bräutigam der einen, ewigen, untrennbaren Gemeinde der Gläubigen, der wahren Kirche Gottes, der Braut des Lammes. Diese wird in Herrlichkeit bei Ihm und mit Ihm gesehen werden, wenn die Hochzeit des Lammes gekommen ist. Die Heiligen, die Auserwählten Gottes, die, welche der Vater dem Sohne aus der Welt gegeben hat (Johannes 17, 6), bilden den Gegenstand des Wohlgefallens und der zarten Fürsorge Jesu. Von ihnen steht geschrieben: ,,Du hast zu den Heiligen gesagt, die auf Erden sind, und zu den Herrlichen: An denen hab ich all mein Gefallen" Psalm 16, 3.

Hier versteht man, was die mit dem Blute von Golgatha erkaufte Gemeinde ist für Jesu Herz, aber auch, was *nach Gottes Gedanken für einen Gläubigen seine Frau und was für eine Gläubige ihr Mann sein soll.* Von diesem Lebensverhältnis des Herrn zu Seiner Gemeinde sagt die Schrift: ,,*Das Geheimnis ist groß!*"

Die Worte, welche der Heilige Geist über dies große Geheimnis durch die Feder des Apostels Paulus uns gab, umschließen für alle Gläubigen für Zeit und Ewigkeit wunderbare Vorrechte, Herrlichkeiten und Unterweisungen.

Was sagt die Schrift?

,,Ihr Frauen, seid unterwürfig euren eigenen Männern als dem Herrn. Denn der Mann ist das Haupt der Frau, wie auch der Christus das Haupt der Gemeinde ist; Er ist des Leibes Heiland. Aber gleichwie die Gemeinde dem Christus unterworfen ist, also auch die Frauen ihren Männern in allem. Ihr Männer, liebet eure eigenen Frauen, gleichwie auch der Christus die Gemeinde geliebt und sich selbst für sie hingegeben hat, auf daß Er sie heiligte, sie reinigend durch die Waschung mit Wasser durch das Wort, auf daß Er die Gemeinde sich selbst verherrlicht darstellte, die nicht Flecken oder Runzel oder etwas dergleichen habe, sondern daß sie heilig und tadellos sei. Also sind auch die Männer schuldig, ihre Frauen zu lieben wie ihre eigenen Leiber. Wer seine Frau liebt, liebt sich selbst. Denn niemand hat jemals sein eigenes Fleisch gehaßt, sondern er nährt und pflegt es gleichwie auch der Christus die Gemeinde. Denn wir sind Glieder Seines Leibes, von Seinem Fleisch und von Seinen Gebeinen. Deswegen wird ein Mensch seinen Vater und seine Mutter verlassen und seiner Frau anhangen, und die zwei werden ein Fleisch sein. *Dieses Geheimnis ist groß;* ich aber sage es in bezug auf Christum und auf die Gemeinde. Doch auch ihr, ein jeder von euch liebe seine Frau also wie sich selbst; die Frau aber, daß sie den Mann fürchte" Epheser 5, 22-33.

Nachdem die Schöpfung der Erde vollendet war, bedurfte sie eines Hauptes. „Und Gott sprach: Lasset uns Menschen machen, ein Bild, das uns gleich sei, und daß sie herrschen über die Fische des Meeres und über das Gevögel des Himmels und über das Vieh und über die ganze Erde und alles Gewürm, das sich auf der Erde regt. Und Gott schuf den Menschen Ihm zum Bilde, zum Bilde Gottes schuf Er ihn; Mann und Frau schuf Er sie. Und Gott segnete sie, und Gott sprach zu ihnen: Seid fruchtbar und mehret euch und füllet die Erde und machet sie euch untertan und herrschet über die Fische des Meeres und über das Gevögel des Himmels und über alles Getier, das sich auf der Erde regt" 1. Mose 1, 26-28.

Man beachte die Ausdrucksweise: „Er schuf *ihn*" und: „Er schuf *sie.*" Obwohl uns die Tatsache der Bildung der Frau erst später, im 2. Kapitel, mitgeteilt wird, finden wir hier, daß Gott Mann und Frau schon im Augenblick der Schöpfung des Mannes zusammen segnet *und ihnen gemeinschaftlich den Herrscherplatz auf Erden gibt.* Eva empfing alle ihre Segnungen *in* Adam; *in ihm* erlangte sie ihre Würde.

So steht es auch mit der Gemeinde Jesu Christi, der Braut des zweiten Adam. Gott sah sie *in* Christo, ehe sie da war. Deshalb steht geschrieben: „Wie Er uns auserwählt hat in Ihm vor Grundlegung der Welt, daß wir heilig und tadellos seien vor Ihm in Liebe" Epheser 1, 4. Bevor noch ein einziges Glied der Gemeinde Jesu auf Erden erblickt wurde, waren schon alle nach Gottes ewigem Willen „zuvor bestimmt, dem Bilde Seines Sohnes gleichförmig zu werden".

Gott sprach einst vom ersten Adam: „Es ist nicht gut, daß der Mensch allein sei; Ich will ihm eine Hilfe machen seinesgleichen" 1. Mose 2, 18. Er ließ daher weder den ersten Menschen ohne eine Hilfe, noch den zweiten. Ohne Eva wäre in der ersten Schöpfung eine Lücke gewesen, ohne die Gemeinde Gottes, die Braut des Lammes, würde in der neuen Schöpfung eine Lücke sein.

Als Eva geschaffen werden sollte aus dem Manne, mußte ein tiefer Schlaf auf Adam fallen, siehe 1. Mose 2, 21-23. Bevor die Gemeinde Jesu gebildet werden konnte, mußte Christus in das Grab sinken; dann erst konnte Seine Gehilfin, welche mit Ihm die Herrlichkeit teilen sollte, gebildet werden.

Wieviel Liebe schuldete Eva dem Adam! Welche Innigkeit der Gemeinschaft, welche völlige Teilhaberschaft an all seinen Gedanken genoß sie! Sie teilte seine Würde und seine Herrlichkeit, er herrschte nicht *über* sie, sondern *mit* ihr; er war der Herr der ganzen Schöpfung, und sie war eins mit ihm.

Dies alles wird in den zukünftigen Zeiten sein himmlisches Gegenbild finden. Dann wird der wahre Mann, Christus, der Herr vom Himmel, Seinen Platz auf dem Throne einnehmen; Er wird in Gemeinschaft mit Seiner Braut über eine wiederhergestellte Schöpfung herrschen. Christus ist Herr und Haupt, aber Seine Gemeinde, lebendig hervorgegangen aus dem Tode und Grabe Christi, ist *Sein Leib*, von Seinem Fleisch, von Seinem Gebein. Darum steht geschrieben: „Und Er ist das Haupt des Leibes, nämlich der Gemeinde; Er, welcher ist der Anfang und der Erstgeborene von den Toten, auf daß Er in allen Dingen den Vorrang habe" Kolosser 1, 18. Er, der in allen Dingen den Vorrang hat, heischt von Seinem Vater: „Vater, ich will, daß die, welche Du mir gegeben hast, auch bei mir seien, wo ich bin, auf daß sie meine Herrlichkeit schauen, die Du mir gegeben hast, denn Du hast mich geliebt vor Grundlegung der Welt" Johannes 17, 24.

Doch nicht nur das, was die Gemeinde Jesu *sein wird*, verdient unsere Bewunderung, sondern auch das, was sie ist und *sein soll:* Sie ist schon jetzt der Tempel, in dem Gott selbst Wohnung gemacht hat. Wenn wir dies erfassen, so bewirkt es in uns einen heiligen, dem Herrn unterworfenen und einen von der Welt abgesonderten, würdigen Wandel. Das Geheimnis ist groß, so groß, daß es die Gläubigen mit einem tiefen Bewußtsein ihrer hohen Berufung erfüllen sollte. Darum schreibt auch Paulus:

„Damit ihr, erleuchtet an den Augen eures Herzens, wisset, welches die Hoffnung Seiner Berufung ist, und welches der Reichtum der Herrlichkeit Seines Erbes in den Heiligen, und welches die überschwengliche Größe Seiner Kraft an uns, den Glaubenden, nach der Wirksamkeit der Macht Seiner Stärke, in welcher Er gewirkt hat in dem Christus, indem Er Ihn aus den Toten auferweckte; und Er setzte Ihn zu Seiner Rechten in den himmlischen Örtern über jedes Fürstentum und jede Gewalt und Kraft und Herrschaft und jeden Namen, der genannt wird, nicht allein in diesem Zeitalter, sondern auch in dem zukünftigen, und hat alles Seinen Füßen unterworfen und *Ihn als Haupt über alles der Gemeinde gegeben, welche Sein Leib ist, die Fülle dessen, der alles in allem erfüllt"* Epheser 1, 18-23.

Von diesem Standpunkt aus lehrt die Schrift die Kinder Gottes, ihre Gedanken über die Ehe zu bilden.

Himmlisches Vorbild — irdisches Abbild

Was einst (1. Mose 2, 24) von der Ehe gesagt wurde, daß ein Mensch alles verlassen würde, selbst Vater und Mutter, um in diesem Bunde sein ganzes Glück, seine ganze Zukunft zu finden, ist nicht nur an sich Wahrheit und Fundament irdischen Glückes, sondern zugleich *prophetisches Wort im Blick auf Christus und Seine Gemeinde.*

Von dieser Verbindung der Gläubigen mit ihrem himmlischen Haupte und Herrn sagt das Wort: ,,Dieses Geheimnis ist groß." Ja, es ist anbetungswürdig, ein Strom von Gnade, Friede und Hoffnung fürs Erdenleben der Gläubigen, eine täglich neue Erfahrung Seiner Treue, aber es ist zugleich die herrliche Hoffnung auf ein ewiges Glück, auf ein vollkommenes Genießen der Liebe, mit der wir von Ewigkeit geliebt sind. Es umschließt die göttliche Zusage, daß wir an dies Ziel des völligen und wolkenlosen Glückes gebracht werden, so viele in diesen heiligen, ewigen Gnadenbund eingetreten sind.

Von dort aus wird der Blick auf das irdische Abbild, auf die Ehe der Gläubigen gelenkt: ,,*Doch auch ihr*", ihr gläubigen Männer, denen Gott den kostbaren Schatz einer gläubigen Frau anvertraute, ,,liebet eure Frauen", lasset Jesu Liebe täglich leuchten in ihre Herzen! ,,Die Frau aber, daß sie den Mann fürchte", nicht wie eine Sklavin, sondern mit der Ehrfurcht, die aus der Liebe hervorkommt. —

Wie innig liebt Christus Seine Gemeinde! Er hat nicht nur ,,*alles*", Seine *Herrlichkeit* und Sein *Reich*, Er *hat* ,,*sich selbst*" für sie *dahingegeben*. Und damit nicht genug, *widmet* Er sich noch immer den Seinigen, indem Er sie täglich durch Sein Wort *wäscht* und *reinigt*, sie *nährt* und *pflegt*. So ist der Herr besorgt für die Seinigen. In dieses heilige Liebes- und Lebensverhältnis ist jeder Gläubige durch die Gnade Gottes eingefügt, jeder hat einen vollen Anspruch auf diese Liebe, die aus ihm ein herrliches Glied machen will ohne Flecken und Runzel.

Wie wunderbar treu, zart und freundlich geht der Herr

mit den Seinigen um! Hat Er nicht immer Zeit für uns? Hat Er nicht immer ein volles, tiefes Verständnis für unsere Schmerzen, Schwierigkeiten und Schwachheiten? Hat Er nicht eine unerschöpfliche Geduld mit uns? Immer wieder klopft Er an das Herz: Ich suche nicht deine Arbeit — Ich suche deine Liebe! Um diese wirbt Er unermüdlich; Er möchte es erreichen, daß wir Ihn von ganzem Herzen lieben und Ihm völlig vertrauen. Da ist nie ein Erkalten. Jesu Liebe ist alle Morgen neu. Auf dem ganzen Wege macht der Gläubige immer neue Erfahrungen von der Länge und Breite, Höhe und Tiefe der Liebe des Herrn. Ja, von ihr heißt es: „Um zu erkennen die Liebe Christi, die doch alle Erkenntnis übertrifft" Epheser 3, 19.

Nie schilt Er, nie wirft Er uns vor, daß wir so lange Ihn werben ließen und so oft kalt gegen Ihn waren. In allen Dingen bietet Er uns Seine Hilfe an, und wie wunderbar erfahren wir sie! Welch herrliches Vorbild für einen Gläubigen in seiner Verantwortung als Ehegatte! Dem gläubigen Christen soll seine Frau so kostbar sein, wie dem Herrn Seine Gemeinde ist; er soll für das innere Wachstum und das äußere Gedeihen seiner Frau so besorgt sein wie Christus für die Seinigen. Und die gläubigen Frauen, welch eine Darstellung finden sie von ihrer Abhängigkeit und völligen Hingebung in dem Vorbilde der Gemeinde gegenüber dem Herrn, der ihr *alles* ist, Erretter und Freund, Herr und Gebieter, Weg und Stab, Sonne und Schild, Kraft und Ziel des Weges!

Wie glücklich ist eine Christin, welche so zu ihrem Manne aufblickt! Ihr Mann ist ihr eine solche Autorität, eine solche Zuflucht ihres Vertrauens und ein solcher Gegenstand ihrer heiligsten Zuneigungen wie der Herr für Seine Gemeinde.

Glückselig der gläubige Mann, dem auf dem Weg durchs Leben eine wiedergeborene und geheiligte Christin als treue Gefährtin zur Seite geht. Wie kann und soll dadurch nicht nur sein äußeres, sondern vor allem sein inneres Leben bereichert und vertieft werden. Welch ein unschätzbarer irdischer Besitz ist ihm geworden, welche beruhigende Gewißheit, daheim ein treues Herz zu wissen, dem er unbedingt und rückhaltlos vertrauen, auf dessen Liebe und Treue er bauen kann.

So soll die Ehe der Gläubigen ein Bund sein, in welchem der Mann trägt, hilft, ermutigt und erquickt, und die Frau in hingebender Demut und stiller Treue dem Manne eine Gehilfin ist, die ihm Haus und Leben schmückt und die seines Herzens Wonne und Freude bleibt. *Aber was ist gewonnen, wenn man diese kostbaren Wahrheiten nur gedruckt besitzt?* Wurden sie in deiner, in meiner Ehe verwirklicht? Wieviel ist da zu beklagen, zu bekennen, zu heilen!

Möchten die Gläubigen, und vor allem die Frauen, nicht vergessen, was der Herr aus der Ehe gemacht hat durch die erneuernde Macht des Wortes Gottes! Ein tausendfältiges Wehe steigt aus allen Ländern der Erde zum Himmel empor, überall, wo die Wahrheit des Evangeliums nicht seine befreiende, segnende Macht auswirken konnte. Schaue in die mohammedanische und heidnische Welt, wo die Frau aller Rechte entkleidet ist, ein käuflicher und verkäuflicher Gegenstand zur Befriedigung sinnlicher Lust! Man lese, wie ein Chinese Frau und Töchter in das Verderben und die Schande der Blumenboote verkauft, um Geld für Opium zu gewinnen! Man höre, wie ein Neger in Kamerun eine oder die andere seiner Frauen für Geld vermietet auf vereinbarte Zeit von Wochen oder Monaten!

Welch eine Erhebung, welche Würde gab der Herr den Seinigen, als Er den gläubigen Männern gebot: „Ihr Männer, liebet eure Frauen, gleichwie auch Christus die Gemeinde geliebt und sich selbst für sie hingegeben hat" Epheser 5, 25. Je mehr die uns umgebende Namenchristenheit in die Sündentiefen der Heidenwelt zurücksinkt, um so mehr sollen die Ehen der Gläubigen, ihr Familienleben, ihre Häuser einen Anschauungsunterricht vom wahren Christentum bilden. Gott will die Seinigen glücklich machen und bewahren, und Er will die Kinder der Welt erleben lassen, was es heißt: *dem Herrn Jesu anzugehören.*

Das auserwählte Geschlecht

Israel war berufen, *den Herrn, den einen und wahren Gott,* unter den Nationen der Erde zu bezeugen. Letztere alle waren Götzendiener. *Es kam darauf an, das Volk Gottes vor allem Götzendienst zu bewahren.* Nicht nur im öffentlichen Volksleben, bei den Gottesdiensten, Opfern und Festen, sondern in den Häusern, im Familienleben und in der Erziehung der Kinder mußte allen götzendienerischen Anschauungen das Tor gesperrt sein.

Deshalb gebot Gott mit heiligem Ernste, *daß niemals eine Vermischung Seines Volkes mit den umwohnenden Heiden in der Ehe stattfinden dürfe.* ,,Und du sollst dich nicht mit ihnen verschwägern; deine Tochter sollst du nicht seinem Sohne geben, und seine Tochter sollst du nicht für deinen Sohn nehmen; denn sie würden deine Söhne von mir abwendig machen, daß sie anderen Göttern dienten; und der Zorn des Herrn würde wider euch entbrennen, und Er würde dich schnell vertilgen" 5. Mose 7, 3-4. Siehe auch 2. Mose 34, 16.

Die Geschichte Israels weist es aus, daß jedes Abweichen von diesem heiligen, göttlichen Gebote den Götzendienst in das Volk Israel brachte, so daß die heilige Nation unter Fluch und Gericht kam. Hier ein Beispiel:

,,Und die Kinder Israel wohnten inmitten der Kananiter, der Hethiter und der Amoriter und der Perisiter und der Hewiter und der Jebusiter; und sie nahmen sich deren Töchter zu Frauen und gaben ihre Töchter deren Söhnen; und dienten ihren Göttern. Und die Kinder Israel taten, was böse war in den Augen des Herrn, und vergaßen den Herrn, ihren Gott, und sie dienten den Baalim und den Ascheroth" Richter 3, 5-7. Siehe auch Esra 9, 12 und 10, 2-4.10-11; Nehemia 10, 30 und 13, 23-28.

Salomos Leben ist ein erschütterndes Beispiel zur Beleuchtung der *Gefahr,* welche dem Volke Gottes durch heidnische Frauen droht. Salomo war der geliebte und gesegnete Knecht Gottes. Betrachte ihn, wie er von Gott ein weises Herz erbittet und wie Gott auf sein Leben Segensverheißungen und Gnadenerweisungen häuft wie auf keines anderen Königs Haupt. „Siehe, ich habe dir ein weises und einsichtsvolles Herz gegeben, daß deinesgleichen vor dir nicht gewesen ist und deinesgleichen nach dir nicht aufstehen wird. Und auch, um was du nicht gebeten hast, habe ich dir gegeben, sowohl Reichtum als Ehre, so daß deinesgleichen niemand unter den Königen sein wird alle deine Tage" 1. Könige 3, 12-13.

Sollte man nicht meinen, daß dieser gesegnete, gottesfürchtige Mann, dieser starke Charakter, unfähig gewesen wäre, seinem Gott den Rücken zu kehren, sein Volk öffentlich in den Götzendienst zu führen und inmitten Israels Götzenaltäre zu erbauen? War Salomo nicht der, dessen Name von Gott genannt war: Jedidja, das heißt der Geliebte Gottes, siehe 2. Samuel 12, 25? Blicke Salomo an bei der Einweihung des Tempels, lies das wunderbare, ergreifende Gebet, welches er vor dem Altare Jehovas im Angesicht des ganzen Volkes sprach (1. Könige 8, 22-53), und betrachte die neuen Gnadenverheißungen und Warnungen Gottes an Salomo (1. Könige 9, 1-9). Aber auch die größten Gnadenerweisungen Gottes vermag der Mensch mit Undank und Verleugnung zu beantworten.

„Und es geschah zur Zeit, als Salomo alt war, da neigten *seine Frauen* sein Herz anderen Göttern nach; und sein Herz war nicht ungeteilt mit dem Herrn, seinem Gott, wie das Herz seines Vaters David. Und Salomo wandelte der Astoreth nach, der Gottheit der Zidonier und dem Milkom, dem Greuel der Ammoniter. Und Salomo tat, was böse war in den Augen Jehovas, und folgte Jehova nicht völlig nach wie sein Vater David" 1. Könige 11, 4-6.

Lerne aus Gottes klaren Geboten an Israel und lerne aus Salomos Leben diese wichtige Wahrheit: *Es gibt keinen Gläubigen, der imstande wäre, den Schaden von seinem Leben und Hause abzuwenden, den eine unbekehrte Frau ihm und seinen Kindern für Zeit und Ewigkeit zufügen würde.* Genau so ist es mit einem gläubigen Mädchen, welches einen unbekehrten Mann heiratet. Ihr Leben wird mit Leid und tiefen Prüfungen erfüllt. *Niemals ist eine Verbindung zwischen Gläubigen und Unbekehrten nach Gottes Gedanken.*

Die Kinder Gottes sind ein himmlisches Volk, ihre Heimat ist droben, ihr Lebensziel, ihre Hoffnung und ihr Erbteil sind im Himmel. Sie sind auf der Erde Fremdlinge. Das Wort Gottes sagt von ihnen: „Ihr aber seid ein auserwähltes Geschlecht, ein königliches Priestertum, eine heilige Nation, ein Volk zum Besitztum, *damit ihr die Tugenden dessen verkündigt, der euch berufen hat aus der Finsternis zu Seinem wunderbaren Licht;* die ihr einst nicht ein Volk waret, jetzt aber ein Volk Gottes seid; die ihr nicht Barmherzigkeit empfangen hattet, jetzt aber Barmherzigkeit empfangen habt" 1. Petrus 2, 9-10.

Dies Volk Gottes steht inmitten der Welt in noch viel größerer Gefahr, seinem großen Retter und Heiland die Treue zu brechen, als Israel inmitten der götzendienerischen Nationen. Die Welt umgibt uns von allen Seiten und beansprucht, daß man ihren Sitten, Anschauungen und Forderungen sich beuge. Die Wahrheit der Bibel, das lebendige Christentum werden offen für Verrücktheit erklärt, treue Kinder Gottes als reif für das Irrenhaus. Die Sünde wird als berechtigt und unvermeidlich angesehen. Reichtum, Genuß, Vergnügen, Zerstreuung nennt man Glück. Der Betrug der vergänglichen Dinge, die Lust der Augen, die Lust des Fleisches, der Hochmut des Lebens, die Anbetung des Goldes, die Menschenfurcht, das Menschenvertrauen beherrschen das Leben. Rings umher sind die Menschenherzen weit offen für Sünde und Welt, aber hart verschlossen für die Liebe und Wahrheit Gottes.

In der Welt kann man mit Ehebrechern und Hurern gut Freund sein, aber der Name Jesu darf nicht genannt werden. Die Weisheit der Welt und das Ansehen der Menschen werden verkündigt, aber das Wort Gottes, die ewige Wahrheit, wird verachtet, ja von der menschlichen Kritik in Stücke zerrissen. Man darf fluchen, man darf in diesem Zusammenhang den Namen Jesu und den Namen Satans nennen — aber Glaubensgebet wird für Torheit erklärt, Jesum, den Gegenwärtigen und Allmächtigen, soll man nicht bekennen. Gott — Ewigkeit — Gericht werden frech für nichts erklärt. Den Buddhismus findet man gut, die Religion der Mohammedaner erträglich — aber wahres, klares Christentum wird gehaßt, das darf nicht bezeugt werden. Man läßt es ohne Mißbilligung geschehen, daß junge Männer Lasterhäuser betreten — aber in die Versammlungen treuer Kinder Gottes zu gehen, das findet man nicht standesgemäß, das darf nicht geduldet werden.

Dies ist die Atmosphäre der Welt, die uns von allen Seiten

umgibt, welche durch tausend Kanäle, durch Bücher, Zeitungen, Briefe, Gespräche einzudringen und Boden zu gewinnen sucht in den Herzen, den Häusern, dem Leben der Gläubigen. In dieser Welt stehen die Kinder Gottes als Zeugen Jesu, als Bekenner der Wahrheit, in ihrem schwachen und versuchlichen Fleisch; *sie werden nur durch Gnade bewahrt.* Eine der mächtigsten Gnadenbewahrungen, die der Herr den Seinen gab, ist die christliche Ehe, das christliche Haus. Da ist ein Bollwerk der Wahrheit mitten hineingebaut in eine wider Gott empörte, antichristliche Welt. In den Mauern eines wahren Christenhauses sollen die Kinder aufwachsen im Bewußtsein der Gegenwart Gottes, sie sollen Ewigkeitsluft einatmen. Was von Israel galt, gilt auch von der Gemeinde Gottes:

„Siehe, ein Volk — abgesondert wird es wohnen und nicht unter die Nationen gerechnet werden" 4. Mose 23, 9. „Wie schön sind deine Zelte, Jakob, deine Wohnungen, Israel! Gleich Tälern breiten sie sich aus, gleich Gärten am Strome, gleich Aloebäumen, die der Herr gepflanzt hat, gleich Zedern am Gewässer. Wer dich segnet, ist gesegnet, und wer dich verflucht, ist verflucht." Siehe 4. Mose 24, 4-9.

Die wichtigste Entscheidung

Außer den mit Buße, Bekehrung, Wiedergeburt und Dienst im Auftrag des Herrn zusammenhängenden Entscheidungen wirkt keine Lebensentscheidung gewaltiger auf die Gestaltung des inneren und äußeren Lebens als die Verbindung zweier Menschen in Verlobung und Ehe. Zwei Menschen werden zu einer Persönlichkeit verbunden; jeder wirkt ununterbrochen für die ganze Lebenszeit auf den anderen. Es ist ein Gesetz im Reiche des Geistes, *daß das, was Herz und Auge anschaut, auf die Gestaltung der eigenen Persönlichkeit wirkt.* Darum faßt die Schrift das Geheimnis der Heiligung in die Worte:

,,Wir alle aber, mit aufgedecktem Angesicht die Herrlichkeit des Herrn anschauend, werden verwandelt nach demselben Bilde von Herrlichkeit zu Herrlichkeit, als durch den Herrn, den Geist" 2. Korinther 3, 18.

Der Geist jedes Menschen wirkt auf seine Umgebung. Dies ist eine Tatsache von allgemeiner Bedeutung. Wer in ein Haus, in einen Kreis eintritt, bringt seinen Geist mit. Jeder Knecht, jede Magd, jeder Freund, jeder Gast, jeder Berufsgenosse wirkt auf seine Umgebung. *Aber niemand wirkt so stark, so dauernd, so entscheidend, als die Frau auf den Mann, als der Mann auf die Frau.* Mögen diese zwei Menschen sein, wer sie wollen, sie fördern entweder einer den anderen auf seinem Wege, oder sie halten sich auf; mag es ein Leben sein in der Richtung auf Gott hin oder von Gott weg, nach dem Lichte oder der Finsternis hin.

Ein gläubiger Christ hat in seiner Bekehrung seinen Willen, das Steuerruder seines Lebens, Jesus Christus übergeben. Nun ist es ihm höchstes Anliegen, daß dieses im alltäglichen Leben zur sichtbaren Realität wird. Er weiß sich durch das einmalige Opfer des Herrn geheiligt; aber als geheiligter Christ hat er nun zum Ziele, in praktischer Heiligung zu leben. Zu jeder Zeit steht für ihn fest, daß er sich selber völlig in die Hand des Herrn gelegt hat, und darum darf er bezeugen:

„*Jesus ist mein Herr*, ich gehöre nicht mehr mir selbst. Nicht mein Wille, sondern Jesu Wille soll in meinem Leben herrschen." Auf Grund dieser Herzens- und Willensübergabe wurde Jesus der Hirt, der für alles zu sorgen die Verantwortung übernahm, wenn das Schäflein Ihm nur gehorcht.

Hieraus folgt, daß die wichtigste irdische Lebensverbindung eines Gläubigen, wenn sie gesegnet sein soll, *nur geschlossen werden darf* in voller, klarer Überzeugung davon, *daß der Herr diese Verbindung will.* Anderenfalls *löst sich der Gläubige von der Führung seines Herrn.* Er betritt einen Weg des Eigenwillens, auf welchem er bittere Früchte ernten muß.

Der Herr hat für die Seinigen die Bürgschaft übernommen, ihnen durch ihr ganzes Erdenleben den Weg zu bahnen, sie zu bewahren, zu versorgen. Da ist klar, daß Er für jedes abhängige, demütige Kind Gottes in dieser wichtigsten Lebensentscheidung die treueste Fürsorge getroffen hat. Der Herr gibt zu Seiner Zeit klare Gewißheit nicht nur darüber, *daß* Er eine Verheiratung will und gutheißt, sondern auch *mit wem* Er sie will, und *wann* Er sie will. Von dieser Lebensentscheidung hängt es ja ab, ob das Erdenleben eines Kindes Gottes die *gottgewollte Frucht* für Jesum bringt oder nicht, ob das zu gründende Haus ein *wirksames Zeugnis* für Jesum wird oder nicht, ob Kinder für den Herrn erzogen werden oder für die Welt. Dies alles ist in diese eine Entscheidung eingeschlossen, *in die Verlobung!*

Wir haben im Leben der Kinder Gottes viele herrliche Erfahrungen, wie treu und wunderbar der Herr die Wege der Seinigen leitet, damit Er ihnen *völlige Gewißheit* darüber gebe, welche Er füreinander bestimmt hat. Dazu gehören nur ein *demütiges Herz*, ein wahres *Glaubensflehen* und ein *stilles Warten auf Gottes Stunde.*

Ein junger Christ, kurz vorher aus den Tiefen eines sittenlosen Lebens errettet, bat den Herrn um eine gläubige Frau. Er träumte, daß in der Versammlung drei Schwestern in Trauerkleidern erschienen, von denen der Herr ihm eine zur Frau gäbe. Wenige Tage später saßen in der Versammlung drei Schwestern in Trauerkleidern, die noch nie dort gewesen waren. Diese drei Schwestern kamen im Laufe der nächsten Monate zur Bekehrung, und eine derselben wurde alsdann die Braut jenes jungen Bruders. Diese Geschwister sind jetzt seit vielen Jahren glücklich verheiratet.

Ein junger gläubiger Mann aus vornehmem Stande wurde in einem Zeitraum von etwa 1 1/2 Jahren in immer steigendem Maße innerlich zu dem Gedanken gedrängt, er solle um die Hand eines jungen Mädchens anfragen, das er kaum kannte, von dem er aber sicher wußte, daß es eine *dem Herrn völlig hingegebene Christin* war. Seine Herzenswünsche gingen seit langer Zeit in anderer Richtung. Es gab infolgedessen ein immer stärkeres innerliches Ringen, ob er seine ursprüngliche Neigung, seine persönlichen Wünsche aufgeben oder festhalten solle. Er hatte in wachsendem Maße den Eindruck, daß Gott ihm jenes gläubige Mädchen zur Frau bestimmt habe. Es gab schließlich um dieser Frage willen einen Gebets- und Glaubenskampf, bis er dem Herrn sagen konnte und mußte: *„Herr, nur Dein Wille! Mein Leben gehört Dir, Deinen Weg gehe ich!"* Wochenlang hatte er in dieser Entscheidungsfrage um Frieden und Klarheit gerungen. Immer mehr wurde er sich darüber gewiß: Wenn du wirklich als ein Bekenner Jesu bewahrt und stark werden willst, um für Jesum zu leben, so mußt du dies Mädchen heiraten. Endlich entschloß er sich, den Brief zu schreiben, der seine Anfrage enthielt. — Der Brief war fertig, er las ihn wieder und wieder durch — endlich sagte er sich: Nein, du kannst deine erste Neigung nicht aufgeben und um jemand anfragen, den du kaum kennst. Der Brief flog ins Feuer.

Am nächsten Abend saß der Briefschreiber wieder allein. Da ließ es ihm keine Ruhe. Ein inneres Drängen mahnte ihn, den verbrannten Brief noch einmal zu schreiben. Er wußte: Es ist doch der Wille des Herrn! Der Brief wurde abgesandt und war der Anfang eines reichen Glückes, eines Stromes von Segnungen, die über viele Menschen gegangen sind aus dem Hause, zu dessen Gründung jener Brief der erste Schritt war. Es war das Leiten des Heiligen Geistes gewesen, welcher das Leben dieses jungen Mannes in die gottgewollte Bahn brachte.

Es sei noch darauf hingewiesen, daß der gemeinsame Glaube, die wirklich erlebte Wiedergeburt keineswegs ausreichen, um daraufhin sagen zu können, daß Gott zwei Menschen füreinander zur Ehe bestimmt habe. Auch Gläubige können durch die Besonderheiten ihres Charakters und Wesens einander viel zu tragen geben, ja, sie können sich tief unglücklich machen. Dazu kommt aber noch, daß wir die

Zukunft mit dem, was sie umschließt, nicht übersehen. Ob der Weg durch Tage der Gesundheit oder der Krankheit, des Wohlstandes oder der Armut gehen wird — nur Gott weiß es. Und doch liegt *die ganze Zukunft* zweier Menschen in dieser *einen unwiderruflichen Entscheidung eingeschlossen.* Die Verlobung legt die ganze zukünftige Lebensgestaltung dieser zwei Menschen in einer Richtung fest, die nur Gott übersieht.

Wir Menschen sind keine Herzenskündiger. Selbst erfahrene Menschenkenner irren sich gewaltig in der Beurteilung anderer Persönlichkeiten. Was für Charakteranlagen und Herzenseigenschaften in einem anderen Menschen stecken, zeigt sich erst später in den Proben und Prüfungen des Lebens. Vor einer Verlobung wissen beide Teile nicht, wen sie vor sich haben. Unbewußt und ungewollt erscheint jeder dem anderen in einer idealisierten Beleuchtung — nicht selten freilich findet auch eine bewußte Schauspielerei statt. Daher sprach Schiller für die meisten Menschen eine Lebenswahrheit aus, als er sagte:

Ach! Des Lebens schönste Feier
endigt auch den Lebensmai,
mit dem Gürtel, mit dem Schleier
reißt der schöne Wahn entzwei.

Gott aber hat andere Gedanken über das Leben der Seinigen. Die wichtigste Lebensentscheidung — Verlobung und Ehe — soll, wenn diese Entscheidung in Gottes Hand gelegt wird, die größte Segnung in das Erdenleben der Kinder Gottes bringen; zugleich sollen sie für ihr inneres Leben durch einander gestärkt werden, sollen sich gegenseitig fördern und ermutigen.

Die Frage, ob dein Leben das volle Ziel der göttlichen Segensgedanken erreicht, ob die ganze gottgewollte Ewigkeitsfrucht in die himmlischen Scheunen kommt, wird durch keine andere Lebensentscheidung so mächtig beeinflußt als durch diese: Ob deine Verlobung und Verheiratung *die Erfüllung eines göttlichen Willens, eines göttlichen Planes ist.* Wird diese Frage von beiden Seiten in Glaubensgewißheit bejaht, so übernimmt Gott die Bürgschaft, daß durch allen Sonnenschein und Sturm des Erdenlebens hindurch die Bahn unter göttlichem Segen zum göttlichen Ziele vollendet werden wird.

Dann geht der Weg aufwärts, der Herrlichkeit entgegen. Diese zwei Menschen werden füreinander die größte Hilfe und Segnung. Gott hat sie zusammengefügt — Gott bewahrt sie auch in Einheit des Glaubens, der Liebe, der Hoffnung.

Heiraten oder nicht heiraten?

„Und Henoch lebte fünfundsechzig Jahre und zeugte Methusalah. Und Henoch *wandelte mit Gott*, nachdem er Methusalah gezeugt hatte, dreihundert Jahre und zeugte Söhne und Töchter. Und alle Tage Henochs waren dreihundertfünfundsechzig Jahre. Und Henoch wandelte mit Gott; und er war nicht mehr, denn Gott nahm ihn hinweg" 1. Mose 5, 21-24.

Henoch wandelte 300 Jahre mit Gott und *zeugte Söhne und Töchter* — dies ist die durch den Heiligen Geist gegebene Lebensbeschreibung des Mannes, der durch seinen geheiligten Wandel dazu befähigt war, in die Herrlichkeit Gottes entrückt zu werden, ohne den Tod zu schauen. Es steht also durchaus nicht im Widerspruch mit einem *Wandel mit Gott*, Söhne und Töchter zu zeugen. Dies ist wichtig zur Belehrung für die, welche geneigt sind, in der Ehelosigkeit eine höhere Form des Christentums zu erblicken und vor allem für solche, welche meinen, viele Söhne und Töchter zu zeugen, sei minder passend für geheiligte Kinder Gottes. Derartige Meinungen richten ein unermeßliches Unheil an. In der Bibel steht geschrieben:

„Deine Frau wird sein wie ein fruchtbarer Weinstock drinnen in deinem Hause, deine Kinder wie Ölzweige um deinen Tisch her. Siehe, also wird gesegnet der Mann, der den Herrn fürchtet" Psalm 128, 3-4.

Henoch war also ein Familienvater; er lebte inmitten eines Geschlechts, das sich immer mehr in Sündendienst verderbte. Er mußte seine Söhne und Töchter erziehen, er mußte seine Hirten regieren und in seinen Zelten und Herden Ordnung halten. Er tat dies alles mit Gott. Wie war sein Ende? „Durch den Glauben ward Henoch weggenommen, daß er den Tod nicht sehen sollte, und er ward nicht gefunden, weil Gott ihn entrückt hatte; denn vor seinem Wegnehmen hat er das Zeugnis gehabt, daß er Gott wohlgefallen habe" Hebräer 11, 5.

Henoch wurde gesucht, aber nicht gefunden, Gott hatte

ihn hinaufgenommen. Er ließ auf der Erde die Spuren des Segens zurück. Dieser Henoch steht nicht nur im Anfang des Alten Testaments als Glaubenszeuge, sondern auch am Ende des Neuen Testaments. Siehe Hebräer 11 und Judas 14. Nicht selten hört man das paulinische Wort anführen: „Wer heiratet (oder: verheiratet), tut wohl, und wer nicht heiratet (oder: nicht verheiratet), tut besser." Dies Wort steht jedoch nicht als eine in sich abgeschlossene Wahrheit in der Bibel, sondern es bildet den Abschluß einer langen Betrachtung (1. Korinther 7, 25-40), welche von der Frage ausgeht, ob ein jungfräulicher Mensch (zunächst eine gläubige Jungfrau) wohl tue, sich zu verheiraten. Der Apostel ratet von der Verheiratung ab *für solche, welche keine fleischlichen Versuchungen haben* (Vers 9 und Vers 37), und die da *begehren, mit dem ganzen Leben nur dem Herrn zur Verfügung zu stehen.*

Es handelt sich also durchaus nicht um die Frage — rein menschlich betrachtet —, ob es ratsam sei zu heiraten. Diese Frage ist göttlich vollkommen und für alle Zeiten bindend von Gott entschieden in der Schöpfung des Menschen: „Und Gott schuf den Menschen Ihm zum Bilde, zum Bilde Gottes schuf Er ihn; Mann und Frau schuf Er sie. Und Gott segnete sie und sprach zu ihnen: Seid fruchtbar und mehret euch und füllet die Erde und machet sie euch untertan" 1. Mose 1, 27-28. Und wiederum: „Darum wird ein Mann Vater und Mutter verlassen und seiner Frau anhangen, und sie werden ein Fleisch sein" 1. Mose 2, 24. Der Herr selbst stellt Seine Vereinigung mit dem Teuersten, das Er im Himmel und auf Erden besitzt, mit Seiner Gemeinde, im Bilde der Ehe dar, siehe Epheser 5, 22-33. „Das Geheimnis ist groß; ich aber sage es in bezug auf Christum und die Gemeinde."

Die Ehe ist also zweifellos auch für die gläubigen Christen das normale Lebensverhältnis nach göttlicher Ordnung. *Christen, welche von jeder fleischlichen Versuchung frei sind, nehmen eine Ausnahmestellung ein.* Sie bilden unter Männern seltene Ausnahmen. Sie haben eine *besondere Gnadengabe*, welche auch Paulus hatte (1. Korinther 7, 7). Petrus und die übrigen Apostel und die leiblichen Brüder des Herrn hatten diese Gnadengabe nicht (1. Korinther 9, 5). *Nur von solchen* redet der Apostel, und *nur für solche* behandelt er in 1. Korinther 7, 25-40 die Frage: Wenn ein Gläubiger entschlossen ist, mit seinem ganzen Leben ungeteilt nur für den Herrn zu leben, tut er dann besser, zu heiraten oder nicht zu heiraten? Die Antwort lautet, daß es bei solcher Lage der Dinge besser sei, daß es mehr zur ungetrübten Glückseligkeit des Herzens und zum unverhinderten Dienst im Auftrag des Herrn diene, nicht zu heiraten. Aber selbst in dieser Abgrenzung spricht Paulus diese Worte nicht aus als ein Gebot des Herrn, sondern nur als seine persönliche Meinung, als seinen Rat.

Es liegt auf der Hand, daß für den Unverheirateten eine Menge von Pflichten, Rücksichten und Lebensbeziehungen wegfallen, welche einen Teil der Zeit und Kraft eines Verheirateten beanspruchen. Dem Apostel ist es darum zu tun, daß die Kinder Gottes als Fremdlinge und Pilger dem Herrn entgegengehen, nach dem einen trachtend, daß sie durch die eilende Erdenzeit als solche hindurchschreiten, die hier kein Bürgerrecht haben, sondern droben. Christus soll in allem den Vorrang haben, siehe Kolosser 1, 18. Sein Name soll durch das Leben der Gläubigen verherrlicht werden. ,,Dies aber sage ich zu eurem eigenen Nutzen, nicht auf daß ich euch einen Strick um den Hals werfe, sondern dazu, daß es fein zugehe und ihr stets und *unverhindert dem Herrn dienen könnet"* 1. Korinther 7, 35.

Die Frage, ob es für einen Gläubigen besser sei, nicht zu heiraten, ist also überhaupt *nur für solche* zur Erwägung gestellt, *welche durch besondere Gnadengabe von fleischlichen Versuchungen frei sind.* Für alle übrigen steht geschrieben: ,,Wenn sie sich aber nicht enthalten können, so laß sie heiraten, *denn es ist besser zu heiraten als Brunst zu leiden"* 1. Korinther 7, 9. Dies ist ein wichtiger sittlicher Grundsatz des biblischen Christentums, dem niemand widersprechen darf, ohne schwere Verantwortung auf sich zu laden.

Wer anderen Gläubigen aus irgendwelchen Gründen die Ehelosigkeit als religiöse Pflicht auferlegen will, bringt die Betroffenen in dieselben Sündenkämpfe und Gewissenslasten, unter denen viele unbekehrte Menschen seufzen, welchen die Ehelosigkeit durch menschliches Gesetz auferlegt ist, z. B. die römischen Priester, Mönche, Nonnen usw. Es ist durch das Vorbild des Petrus und der Apostel bestätigt, daß es *eine Verirrung* ist, die Ehelosigkeit für den gläubigen Christen als einen geheiligteren Stand des Christentums auszuprägen zu wollen.

In solchen Gedanken liegt schon der Anfang zu jenem unheilvollen Wege, welcher manche Ehen von Gläubigen ruiniert hat, als ob es ein heiligerer Stand sei, in der Ehe auf die Kinder zu verzichten, welche Gott in Seiner Gnade den Eheleuten geben wollte. Derartige krankhafte Anschauungen stehen im direkten Widerspruch mit dem Worte Gottes (vergl. Psalm 127, 3-5 und Psalm 128). Daß die Ehelosigkeit, was die äußeren Lebensumstände anbetrifft, für den Gläubigen der leichtere und bequemere Weg ist, steht fest, aber *der gesegnetere Weg* kann immer nur *der* sein, welchen *Gottes Führung* für jedes einzelne Seiner Kinder bestimmte. Daher, ob jemand heiratet oder nicht heiratet, auf eins kommt es an: *nur daß es im Herrn geschehe.*

Wenn jemand im Widerstreben gegen Gottes erkannte Weisung aus Eigenwillen nicht heiratet, so wird sein Leben das gottgewollte Ziel verfehlen und unter Schwierigkeiten und Lasten kommen, die der Herr ihm nicht auferlegen wollte. Und andererseits, wenn ein Gläubiger sich verheiratet nach eigenwilligem oder übereiltem Entschluß, ohne der Führung des Herrn unterworfen zu sein, ohne die Bedingungen zu beachten, an welche eine von Gott legitimierte Eheschließung gebunden ist, so wird er sich schwere Lasten aufbürden, und er wird die Frucht für den Herrn nicht hervorbringen, die Gott seinem Leben zugedacht hatte.

Auf Unbekehrte haben diese Betrachtungen des Paulus gar keinen Bezug; zu diesen redet das Wort Gottes nicht von der Frage des Heiratens und Nichtheiratens, sondern für sie handelt es sich um etwas ganz anderes: *,,Eile und errette deine Seele!"*

Eine unerläßliche Gewißheit vor der Verlobung

Ein wahres Kind Gottes soll sich in der Ehe nur mit einem solchen Kinde Gottes verbinden, von dem man gewiß ist, *daß es ein dem Herrn völlig hingegebener Mensch ist,* der wirklich für Jesum lebt und sein Leben dem Wort und Willen Gottes unterworfen hat. Es genügt nicht, sich in dieser Beziehung darauf zu verlassen, daß jene Persönlichkeit an den Versammlungen der Gläubigen regelmäßig teilnimmt. Auch wenn jemand unter den Kindern Gottes die Sprache Kanaans spricht, und wenn andere ihn für bekehrt erklären, ist dies keine Bürgschaft. Da kann viel Täuschung sein. Die Frage ist vielmehr so zu stellen:

Ist dieser Mensch wirklich von neuem geboren und ein Bekenner, eine Bekennerin gegenüber der Welt? Ist ein Bruch mit der Lust und den Vergnügungen, mit dem Wesen und der Gefallsucht der Welt deutlich erkennbar? Welches sind seine nächsten Freunde und Freundinnen? Ist ein Bemühen da und eine Freude, um im Werke Gottes zu dienen? Kennt und liebt er wirklich die Bibel, und erkennt er sie als das unantastbare Wort Gottes an, dem er sein Leben unterwerfen will? Der Herr wird da, wo man über diese Fragen ernstlich Klarheit begehrt, deutlich Antwort geben.

Wo ein Licht von Gott angezündet ist, da gibt es einen klaren Schein. Wo ein Leben wirklich für den Heiland gelebt wird, da tritt dies deutlich hervor, sowohl durch den Widerspruch der Welt, als durch die Ausprägung der Persönlichkeit selbst.

Ein Christentum der frommen Worte, *ohne Trennung vom Wesen der Welt hat gar keinen Wert.* Ein Unbekehrter, welcher auf eine Verlobung mit einem Kinde Gottes hinsteuert, nimmt schnell den Schein lebendigen Christentums an. Besonders geschieht dies dann, wenn junge Männer wünschen, ein gläubiges Mädchen zu heiraten, von welchem sie wissen, daß es seine Hand nie einem Unbekehrten geben will. In diesen Fällen wird eine teils bewußte, teils unbewußte Schauspielerei getrieben. Der junge Mann hat plötzlich die äußeren Gewohnheiten eines Gläubigen angenommen. Er erklärt sich für bekehrt, er geht in die Versammlungen, er abonniert christliche Blätter, usw.

Hier muß nun eine überaus wichtige Erfahrungstatsache für die Kinder Gottes festgestellt werden, welche man in 100 Fällen 99mal bestätigt finden wird: *Fast jede Bekehrung, welche mit einer beabsichtigten Verlobung verquickt ist, ist unecht.* Es kann nicht ernst genug davor gewarnt werden, diesem Scheine zu trauen. Die Welt sagt: ,,Trau, schau wem!" — hier ist dies erst recht am Platz. Man kann in solchem Fall dem gläubigen Teil nur raten: *warte eine Frist von zwei bis drei Jahren ab, ob sich diese Bekehrung als echt bewährt.* Ehe diese Bewährungsfrist abgelaufen ist, traue der Sache nicht. Fünf bis sechs Monate reichen dazu bei weitem nicht aus.

Ein junger Mann, der um eine Braut *wirbt*, zeigt sich ganz anders, als der, welcher nachher die Braut *hat*, und noch viel anders zeigt er sich nach der Hochzeit. In Mecklenburg gibt es ein Sprichwort: ,,*Warte nur, nach der Hochzeit wird es anders!*" Zahllose junge Christinnen, die sich durch einen frommen Schein betrügen ließen, haben nach der Hochzeit unter tiefen Schmerzen erkennen müssen, daß ihr Leben an einen unbekehrten Mann gebunden war.

Gewöhnlich steigt schon in der Brautzeit die Befürchtung auf, daß es mit dem Christentum des Bräutigams nicht völlig stimmt. Jedoch, was soll man tun? Man ist durch ein vor Gott gegebenes Jawort gebunden, und so willigt man, wenn auch schweren Herzens, von seiten der Eltern der Braut und von seiten der Braut selbst, in die Hochzeit. Man glaubt, nicht anders handeln zu dürfen um des gegebenen Wortes willen. Aber vor der Hochzeit ist es noch Zeit, der drohenden Gefahr zu entgehen. Sobald die Braut und deren Eltern Zweifel über die wahre Bekehrung des Bräutigams hegen müssen, sage man dem jungen Manne:

,,Die Verlobung ist geschlossen auf Grund deines Bekenntnisses, daß du wahrhaft bekehrt, Jesu volles Eigentum seiest. Wir hegen die Befürchtung, daß du dich selbst und uns getäuscht hast. Wir wollen aber an dem vor Gott gegebenen Jawort der Verlobung in Treue festhalten. *Jedoch die Hochzeit muß so lange aufgeschoben bleiben, bis wir die tiefe*

Überzeugung empfangen, daß du als ein wiedergeborner Christ mit Herz und Leben dem Herrn gehörst."

Die Folge einer solchen offenen Erklärung und der damit verbundenen Glaubensgebete wird fast immer die sein, daß der junge Mann sich entweder wahrhaft bekehrt, oder die Verlobung seinerseits auflöst. Ähnlich kann es natürlich auch gehen zwischen einem gläubigen jungen Manne und einem unbekehrten Mädchen, welches um der Verlobung willen sich scheinbar bekehrte. Jedoch ist der letztere Fall viel seltener als der erstere.

Vorbedingungen für eine gottgewollte Verlobung und Ehe

„Wo der Herr nicht das Haus baut, so arbeiten umsonst, die daran bauen" Psalm 127, 1. *Die Gründung eines Hauses muß also ein Werk Gottes sein.* Die Verlobung ist der Grundstein dazu. *Wann ist eine Verlobung gottgewollt, und wie muß eine gottgewollte Verlobung geschehen? An welche Vorbedingungen ist sie gebunden?*

1. „Gehorche deinem Vater, der dich gezeugt hat, und verachte deine Mutter nicht, wenn sie alt geworden ist" (lies Sprüche 23, 22-25). Der wichtigste Lebensentschluß bedarf der segnenden Zustimmung von Vater und Mutter. Wer für seine Frau einen Platz als Tochter im eigenen Vaterhause beansprucht, und wer einen Platz als Sohn im Vaterhause seiner Frau einnehmen will, ist schon dadurch verpflichtet, *ehe* er dem erwählten Mädchen die entscheidende Frage vorlegt, der Zustimmung von Vater und Mutter auf beiden Seiten gewiß zu sein.

„Ehre deinen Vater und deine Mutter, auf daß es dir wohlgehe und du lange lebest auf der Erde" Epheser 6, 2-3. Es liegt auf der Hand, daß eine Tochter nicht eher über ihre Zukunft bestimmen kann, als bis sie die Zustimmung ihrer Eltern hat. Die erste Frage um die Hand eines Mädchens gehört also nach göttlicher Ordnung *nicht an die Tochter, sondern an deren Eltern.*

In der Welt geht es anders zu. Wie mancher machte schon einem jungen Mädchen auf dem Balle oder bei ähnlichen Gelegenheiten eine Liebeserklärung oder einen Heiratsantrag. *Die Welt* findet es natürlich und richtig, daß liebende junge Leute zuerst unter sich eins werden. Sie denken, es ist hernach noch Zeit genug, um die Zustimmung der Eltern einzuholen zu einer Sache, die schon fertig ist. In Wahrheit wird da die Entscheidung der Eltern ausgeschaltet. *Jedoch dies ist gegen die göttlichen Ordnungen, eine schwere Mißachtung der den Eltern gebührenden Ehre.*

Ein Gläubiger sollte nie so handeln. Er mindert nur Segen, Freude und Friede. Er bringt das Mädchen, welches er liebt, in Gefahr, ungöttlich zu handeln und ihr Gewissen zu beschweren. In solchem Falle wird der erste Schritt zum Bau des Hauses mit Sünde vermischt. Es ist unaussprechlich, wieviel Segen verscherzt und wieviel Unsegen eingeerntet wird durch solche eigenwillige Schritte. Gottes Verheißungen sind Wirklichkeiten, Tatsachen. Wünschest du eine gesegnete Ehe zu haben, ein Haus, in welchem der Friede wohnt, — *dann ehre deinen Vater und deine Mutter*, tue es, solange du sie auf Erden hast, unterbreite ihrem Rate jede wichtige Lebensentscheidung.

Wenn von beiden Seiten die volle Zustimmung, der ungeminderte Segen von Vater und Mutter da sind, so ist die erste göttliche Vorbedingung zu einer gottgewollten Verlobung erfüllt. Dies ist um so wichtiger, als die Erfahrung und die Liebe der Eltern viel weiter sehen, als der durch die persönliche Zuneigung stark beeinflußte Blick der jungen Leute. Gefahren und Bedenken, welche die Jugend nicht beachtete, sieht die Liebe der Eltern. Fragt man die Eltern *zuerst*, ehe man das Mädchen selbst oder andere Leute etwas merken ließ, so ist man frei, um dem Rate zu folgen. Hat man aber vorher mit dem Mädchen gesprochen oder in anderer Weise seine Absichten kundgegeben, so ist man schon gebunden.

2. *Leibliche Gesundheit* ist gottgewollte Vorbedingung für eine gottgewollte Verlobung. Gewissenhafte Christen können es nicht verantworten, das Leben eines geliebten Menschen auf unabsehbare Zeit mit der Pflege eines kranken Ehegatten zu belasten. Gesunde Kinder sind nur von gesunden Eltern zu erwarten. Es ist nicht gottgewollt, eine Ehe einzugehen, welcher gesunde Kinder nach menschlicher Voraussicht versagt bleiben müssen. Junge Leute übersehen schwer, was es für eine Frau heißt, lebenslang an einen kranken Mann gebunden zu sein, wie auch umgekehrt. Ein kranker Mann kann seiner Frau und seinem Hause nicht sein, was er nach göttlichen Gedanken sein sollte, und ebensowenig eine kranke Frau ihrem Manne und ihrem Hause.

Etwas ganz anderes ist es, wenn Gott *in der Ehe* lange Krankheit oder dauerndes Siechtum schickt. Kinder Gottes beugen sich in Demut unter solche Prüfung. Jedoch mit Bewußtsein in das neu zu bauende Haus die Krankheit hineinzutragen, ist sicherlich nicht gottgewollt. Kein Wunder, wenn nachher die Kraft fehlt, um solche Bürde zu tragen. Ein an Tuberkulose erkrankter Mann oder ein Mann, der durch ein Nervenleiden in seiner Kraft und Frische geschwächt ist, hat kein Recht, einem Mädchen das schwere Joch aufzubürden, ihr Leben an seine Pflege und an seine wechselnden Stimmungen zu binden. Solche und ähnliche körperliche Leiden zwingen zu der Überzeugung, daß es nicht eher gottgewollt ist, ein Haus zu gründen, als bis der Herr volle Genesung schenkt.

3. Man verlobt sich, um sich zu heiraten, *man will nicht einen Brautstand gründen, sondern einen Ehestand.* Sind die äußeren Bedingungen für den Lebensunterhalt eines Hauses nicht vorhanden, beziehungsweise nach menschlichem Erkennen nicht in Aussicht, so ist der gottgewollte Augenblick zu einer Verlobung noch nicht da. Wenn Gott eine Verlobung will, so will Er die Heirat, und Er gibt dann auch die nötigen Geldmittel, sei es durch Erwerb, Gehalt, Stellung oder Vermögen.

Kinder Gottes, welche sich dieser einfachen Erkenntnis des gesunden Verstandes verschließen, laden sich selbst Lasten auf. Der junge Mann hätte, solange er frei war, manches lernen, unternehmen oder erwerben können — jetzt kann er es nicht mehr in gleichem Maße. Er ist bei allem, was er unternehmen will, gebunden an seine Braut und an die Zustimmung ihrer Eltern. Schon manche junge Christin und mancher junge Christ haben durch eine übereilte Verlobung und durch einen schier endlosen Brautstand mehr Dornen als Rosen gefunden. Sie kamen, wollend oder nicht, zu dem Ergebnis: Ach, hätte ich mich nicht so früh verlobt — *es war mein Eigenwille, aber nicht Gottes Wille.*

4. Auch bei Gläubigen ist das Glück einer Ehe nicht unabhängig von der *Gleichartigkeit* der Erziehung, der Bildung und der Lebensgewohnheiten. Man kann sich wohl im Feuer der mächtig aufgeflammten Herzenszuneigung über diese Dinge hinwegsetzen, jedoch nachher, im täglichen Leben und bei den Einwirkungen der beiderseitigen Verwandtschaft auf das Haus und die Kinder, wird es fühlbar, wenn Mann und Frau und deren Verwandtschaft in ganz verschiedenen Lebensanschauungen und Gewohnheiten heimisch sind. *Gewiß gibt es da gottgewollte Ausnahmen.* Es kommt manches Mal vor, daß eine junge Christin ihren Platz zur Ehre des

Herrn in einer Familie lieblich ausfüllt, welche gesellschaftlich höheren Kreisen angehört. Dies hebt jedoch nicht auf, daß *der Regel nach* Mann und Frau in Erziehung und Bildung *gleichartig sein sollten.* So sollte auch das Lebensalter in einem vernünftigen Verhältnis stehen. Wenn zum Beispiel ein Altersunterschied von 15 oder 20 Jahren vorhanden ist, so darf man zweifeln, daß solche Verbindung gottgewollt ist, denn der eine Teil wird alt sein, während der andere noch jugendfrisch ist — schwerlich will Gott so Ungleiches zusammenfügen.

Wir haben also sechs Vorbedingungen für eine gottgewollte Verlobung:

— Daß beide Teile sich gegenseitig als Jesu volles Eigentum erkannt haben.
— Daß jeder von beiden überzeugt ist, daß sie füreinander von Gott bestimmt sind.
— Daß von beiden Seiten der Segen und die Zustimmung der Eltern da ist.
— Daß beide Teile körperlich gesund sind.
— Daß die materiellen Mittel für die Gründung eines Hausstandes vorhanden sind oder in Aussicht stehen.
— Daß das Lebensalter, die Erziehung, Bildung, Lebensgewohnheit und die beiderseitigen Familien zueinander passen.

Wo diese Vorbedingungen sind, darf ein Kind Gottes fest vertrauen, daß die gewünschte Verbindung von Gott gewollt und bestätigt ist. *Dazu tritt dann die persönliche Herzensneigung.* Die Kinder der Welt würden letztere allen anderen vorausgestellt haben; sie meinen, eine tiefe, alles überwindende Herzenszuneigung, welche den Gegenstand der Liebe *um jeden Preis* besitzen will, sei das erste Erfordernis.

Kinder Gottes denken darüber anders. Ihre Zuneigung ist vor allem an eine heilige Person gebunden: an den Herrn. *Nur aus Seiner Hand* wünschen sie den Menschen zu empfangen, der ihnen auf Erden der Teuerste sein soll, und an welchen ihr ganzes Leben gebunden sein soll.

Die gegenseitige Zuneigung ist sicherlich eine gottgewollte Vorbedingung zu einer Verlobung, keineswegs aber in dem Sinne, daß eine leidenschaftliche Liebe, wie sie bei Verlobungen unter Kindern der Welt oftmals den Ausschlag gibt, ein zuverlässiges Fundament für eine glückliche Ehe bildet.

Letzteres ist absolut nicht der Fall. Zahllose Verlobungen und Ehen sind auf Grund einer flammenden Leidenschaft geschlossen worden und nach kurzer Zeit in der traurigsten Weise auseinandergebrochen. Ja, oftmals verwandelte sich die glühende Liebe in einen ebenso glühenden Haß.

Nur die Gewißheit, *Gott hat uns füreinander bestimmt,* ist für Kinder Gottes ein zuverlässiger Fels. Auf dieser Gewißheit läßt Gott eine Liebe erblühen, welche stets den ersten Platz des Herzens für den Herrn Jesum bewahrt, die aber gerade dadurch, daß sie von oben her gegeben ist, stark und dauernd bleibt, ja, wachsend mit den Jahren. Ein Christ mit weißem Haar durfte in solchem Lebensbunde von der an seiner Seite stehenden Greisin sagen: *Ich habe in meinem langen Leben niemals meine Frau durch die Tür eintreten sehen, ohne mich an ihr zu freuen.*

Eine tiefe Freude an dem geliebten Menschen, den man glaubend vom Herrn erbat, eine sichere Gewißheit, Gott hat ihn mir bestimmt, ein Einssein mit ihm in der Hingebung an den Herrn, das ist — wenn jene Vorbedingungen erfüllt sind — eine tausendmal gesundere Bürgschaft für eine glückliche Ehe als eine glühende Liebe in menschlicher Leidenschaft.

Übereilte Verlobung

Daß Liebesverhältnisse in dem Sinne unmoralischen Verkehrs für gläubige Christen ausgeschlossen sind, braucht man nicht zu sagen. Wohl aber dies, daß es auch in sittlich-reinem Sinne *Freundschaften, Bekanntschaften* zwischen jungen Männern und jungen Mädchen gibt, welche für ein Kind Gottes *unerlaubt* sind. Man führt Briefwechsel miteinander, sieht sich hier und dort oder geht zusammen aus, man ist nicht verlobt, aber man liebt sich. Man nennt es Freundschaft, es ist aber eine Liebschaft. Über kurz oder lang kommt es doch zu einer solchen Vertrautheit des Umganges, als ob man verlobt wäre — nur daß das alles hinter dem Rücken der Eltern geht. *Derartige Beziehungen sind für Gläubige, welche vor Gott wandeln, ausgeschlossen.* Sie führen bei sinnlich veranlagten Menschen zu sittlichen Gefahren, bei ideal gerichteten zu übereilten Verlobungen.

Ein Kind Gottes, welches sich auf solchen Weg locken läßt, merkt alsbald, daß es an seinem *inwendigen Leben tiefen Schaden* nimmt. — Daß es den Herrn verunehrt und dem Bekenntnis des Glaubens Schande macht, sagt ihm sein Gewissen vom ersten Schritte an.

Brautstand ist ein hohes, kostbares Glück. Für den natürlichen, edelgesinnten Menschen ist der Brautstand das reinste Ideal, für ein Kind Gottes ist er das *kostbare Geschenk aus des Vaters Hand.* Eben deshalb gehört für den Gläubigen Bewahrung und Gnade dazu, daß man nicht im Eigenwillen aus des Feindes Hand nehme, was nicht des Vaters Gabe ist.

Satan ist stets bemüht, die Kinder Gottes zu Entschlüssen und Verbindungen zu treiben, die nicht gottgewollt sind. Ein erfahrener Mann pflegte im Kreise seiner Familie oft zu sagen: *Alle Eile ist vom Teufel.* Dies ist wahr. Die Schrift belehrt die Gläubigen: ,,*Wer glaubt, wird nicht ängstlich eilen*" Jesaja 28, 16. Wer sein Leben in Wahrheit der Führung Gottes übergeben hat, läßt sich nicht durch menschliche Leidenschaft zu übereilten Heiratsanträgen verleiten. Er trägt die

Sache zunächst unter viel Gebet vor den Herrn. Er prüft vor Gott, ob eine solche Verbindung auf göttlichem Willen oder auf menschlichem Eigenwillen beruht. Er bespricht es dann mündlich oder schriftlich mit einem erfahrenen Christen, wenn er einen Vater oder eine Mutter in Christo kennt. Er hat nur *ein* Leben zu leben, *und das gehört dem Herrn* — welche Untreue, wenn er dies Leben an einen Menschen bindet, der ihm nicht von Gott bestimmt ist. Ein Wort ist schnell gesprochen, ein Brief ist schnell geschrieben, ein Kuß ist schnell ausgetauscht — aber wie schrecklich für ein Kind Gottes, solches zu tun, ohne glaubensgewiß zu sein, *ich gehe den Weg des Herrn!*

Als Israel das Land der Verheißung einnahm, kamen die Abgesandten der Gibeoniter in Israels Lager, um ein Bündnis zu schließen, indem sie vorspiegelten, daß sie in Treue und Wahrheit kämen. Josua und die Fürsten Israels glaubten den trügerischen Worten. „Und die Männer nahmen von ihrer Zehrung, *aber den Mund des Herrn befragten sie nicht.* Und Josua machte Frieden mit ihnen, und machte mit ihnen einen Bund, sie am Leben zu lassen, und die Fürsten der Gemeinde schwuren ihnen" (siehe Josua 9, 1-27). Drei Tage später erkannten Josua und die Fürsten Israels, daß sie betrogen waren. Aber der Bund war geschlossen, der Eidschwur getan. *Israel war an diese Gibeoniter gebunden für immer.* Warum? *Den Mund des Herrn befragten sie nicht.* Sie handelten nach menschlicher Gutherzigkeit, aber nicht nach dem Willen Gottes. So geht es vielfältig bei übereilten Verlobungen von Gläubigen. Wenn das entscheidende Wort einmal gesprochen ist, so ist es nicht zurückzuholen, *man ist gebunden.*

Die Verlobung eines Gläubigen sollte nach den göttlichen Gedanken nie der Gegenstand der Reue, sondern immer die Quelle der reinsten Freude sein. Welch ein Unterschied: hier wird ein übereilter Bund vielleicht unter leidenschaftlicher Umarmung und heißen Küssen geschlossen, aber nicht im Frieden Gottes. Man betet wohl nachher um Gottes Segen, ohne welchen man nicht gehen möchte, aber das Herz fühlt, daß man nicht in heiliger Zucht und stiller Glaubensgewißheit gehandelt hat.

Wie anders bei demütigen und gehorsamen Kindern Gottes. *Unter dem Segen und mit der Zustimmung der Eltern findet die erste Begegnung unter vier Augen statt.* Man beugt die Knie vor dem gegenwärtigen Herrn, man preist *Seinen Namen*, und man bewundert *Seine Führungen.* Bräutigam und Braut sprechen es vor Ihm, dem Gegenwärtigen, aus, daß sie nach *Seinem heiligen Willen* sich füreinander bestimmt wissen. Sie stellen ihre ganze Zukunft unter *Sein Wort* und unter *Seinen Segen.* Sie nehmen die Freude bräutlicher Zärtlichkeit als ein großes glückseliges Geschenk aus *Seiner Hand.* Da ist nichts zu bereuen, da ist alles vor Gott und Menschen göttlich geordnet — ein Strom von Freude und Frieden!

Gemischte Ehe

Wenn Weltkinder verschiedener Konfessionen sich heiraten, so nennt man das: *gemischte Ehen*. Die Erfahrung lehrt, daß das Glück solcher Ehe durch die Verschiedenheit katholischer und protestantischer Glaubensanschauung, durch die Einflüsse der Verwandtschaft und der Priester in großer Gefahr steht.

Dennoch ist die Gefahr einer derartigen Ehe nicht annähernd zu vergleichen mit dem Unglück und der Gefahr, welche eine Verlobung zwischen einem Kinde Gottes und einem Kinde der Welt in sich schließt. *Eine solche ist niemals gottgewollt.* Das Wort Gottes sagt den Gläubigen: „Denn was hat die Gerechtigkeit zu schaffen mit der Ungerechtigkeit? Was hat das Licht für Gemeinschaft mit der Finsternis? Wie stimmt Christus mit Belial? Oder was für ein Teil hat der Gläubige mit dem Ungläubigen? Was hat der Tempel Gottes für Gleichheit mit den Götzen? Ihr aber seid der Tempel des lebendigen Gottes; wie denn Gott spricht: ‚Ich will unter ihnen wohnen und unter ihnen wandeln und will ihr Gott sein, und sie sollen mein Volk sein.' Darum gehet aus von ihnen und sondert euch ab, spricht der Herr, und rühret kein Unreines an, so will ich euch annehmen und euer Vater sein, und ihr sollt meine Söhne und Töchter sein, spricht der allmächtige Herr" 2. Korinther 6, 14-18.

Ein Kind Gottes, welches sich in einer Verlobung mit einem Weltkinde verbindet, bringt einen Zwiespalt, einen Riß in das Fundament seines Lebens; es belastet sein Gewissen. Es gehört mit seiner ganzen Persönlichkeit, Geist, Seele und Leib, dem Herrn, und doch hat es sich mit seinem *ganzen Erdenleben an einen Menschen gebunden, der dem Herrn nicht gehört*, sondern der dem Fürsten der Welt dient. Von gemeinsamer Anbetung ist nicht die Rede.

Ein Kind der Welt kennt Gott vielleicht als Nothelfer, aber Jesum, den Erretter und Freund, kennt es nicht. Das

Wort Gottes ist ihm höchstens ein ehrwürdiges Dokument, aber nicht Himmelsbrot zur Ernährung der Seele, nicht der geoffenbarte Gotteswille für jede Entscheidung. Ein Kind der Welt hat seine Freunde unter den Weltkindern, die Gotteskinder sind ihm unsympathisch. So ist von Anfang an im Brautstand, aber noch vielmehr nachher im Ehestand, die Verschiedenheit der Lebensrichtung täglich spürbar. Ein Kind Gottes wandelt auf dem schmalen Weg zur Herrlichkeit. Ein Kind der Welt geht auf dem breiten Weg zum Verderben der Hölle. *Diese beiden Menschen sind durch eine ewige Kluft voneinander getrennt.* Der eine steht unter der Gnadenmacht Jesu, der andere unter dem Einfluß und der Macht Satans, des Fürsten dieser Welt. Diese Verschiedenheit kann durch keine persönliche Zuneigung ausgeglichen werden. Es ist *ausgeschlossen,* daß diese beiden Menschen füreinander in der Ehe bestimmt sein sollten. Zwei Reisende, von denen der eine nach Paris, der andere nach Moskau reisen will, können unmöglich in denselben Eisenbahnzug steigen.

Ein wahrer Christ steht gebeugt unter dem Worte Gottes, dies ist für ihn eine unantastbare Autorität, welche mächtiger ist als jede menschliche Willenskundgebung. Durch das Wort leitet der Heilige Geist einen Jünger Jesu in Pfaden der Gerechtigkeit. Ein Kind der Welt dagegen beugt sich dem Worte Gottes nur insoweit, als es ihm paßt und als dies kein Opfer fordert. Seine Gedanken, Urteile, Entschlüsse werden beherrscht von dem Geiste der Welt, von rein menschlichen Wünschen und Berechnungen.

Wenn diese beiden Menschen sich in der Ehe verbinden, so gibt es je länger, je mehr einen täglichen Kampf, ein ununterbrochenes Bewußtsein von der Verschiedenheit der Grundanschauung und Lebensrichtung. In der praktischen Ausführung, ob dies oder jenes geschieht, wird sich natürlich die schwächere Persönlichkeit der stärkeren unterwerfen. Letzteres geschieht nun fast nie von seiten des weltlichen Teiles, denn dieser will sich eben Jesu nicht beugen. So steht dann der gläubige Teil vor der Wahl, ob er die ununterbrochene Disharmonie tragen oder seinen Glauben in allen entscheidenden Fragen, ja auch in den alltäglichen Dingen, verleugnen will.

Unzählbar sind die Fragen, in denen diese Verschiedenheit der Lebensrichtung zum Ausdruck kommt: ob man dies Vergnügen mitmachen oder meiden, diese Einladung annehmen soll oder nicht, ob man in dieser Angelegenheit die Wahrheit sagen oder sie mit einer Höflichkeitslüge zudecken soll usw. Wachsen später die Kinder heran, so wächst mit ihnen das dauernde Bewußtsein dieser Verschiedenheit. Es handelt sich dabei für den gläubigen Teil um die teuersten Güter, die göttliche Wahrheit, die Herrschaft des Herrn. Wie gewaltig ernst ist dies!

Wenn Friede sein soll, muß der gläubige Teil nachgeben, aber mit jedem neuen Nachgeben wird die Gewalt des Weltgeistes stärker. Der unbekehrte Mann fordert von der gläubigen Frau, daß sie mit ihm in das Theater und in die Vergnügungen gehe, er untersagt ihr, die Versammlungen der Gläubigen zu besuchen. So kommt der gläubige Teil in ein Sklavenleben. Es geht ihm tatsächlich so, wie es Lot in Sodom ging, von dem die Schrift sagt: „Denn der unter ihnen wohnende Gerechte quälte durch das, was er sah und hörte, Tag für Tag seine gerechte Seele mit ihren gesetzlosen Werken" 2. Petrus 2, 8.

In solchem Hause ist nie ein Zeugnis für Jesum; kommen Kinder Gottes zu Besuch, so merken sie alsbald, daß sie keine erwünschten Gäste sind. Die Kinder in solchem Hause folgen fast immer dem weltlichen Teile, sei es ein unbekehrter Vater, sei es eine unbekehrte Mutter. So geht das ganze Leben hin, fruchtleer und friedelos. Und doch ist dies noch nicht die traurigste Ausprägung solcher gemischter Ehen, sondern in vielen Fällen hat der gläubige Teil von dem ungläubigen die roheste Behandlung bis zu Schlägen und gemeinen Schimpfworten, den Ausbruch unverhüllten Hasses und tiefe Schmach zu tragen.

Vergeblich sind fast immer alle noch so ernsten Warnungen, besonders, wenn junge Christinnen um jeden Preis den unbekehrten Mann heiraten wollen. Der Teufel tröstet sie damit, der Mann würde sich durch ihren Einfluß bekehren. Dies geschieht jedoch fast nie, und wenn es geschieht, so ist es zuvor erkauft mit langen Jahren der Schmach und der Tränen. Wie vielen jungen Schwestern wurde gesagt: Heirate den Mann nicht, er wird dich prügeln. Sie wußten es besser, bis nach der Hochzeit das Schreckliche zur Wahrheit wurde.

Man hat es erlebt, daß der unbekehrte Mann schon am

Hochzeitstag die Bibel seiner Frau aus dem Fenster warf.
Oder es geht so:

Eine liebe junge Christin wurde vor der Verbindung mit einem unbekehrten Mann gewarnt. Sie hatte eine tiefe Bekehrung erlebt. Gottes Gnade hatte sie aus einem Sumpf von Sünde herausgerettet. Ihr neues Leben hatte einen herrlichen Anfang. Dann wurde sie von verweltlichten Christen zu einer Verlobung beschwatzt. Ihr Vater in Christo rief sie und beschwor sie, diesen Gedanken aufzugeben. Er sagte ihr das ganze Unheil voraus. „Ja, das muß ich dann tragen, ich will bei dem bleiben, was ich einmal beschlossen habe." Die Hochzeit fand statt. Vierzehn Tage später stand die junge Frau in Tränen vor ihrem geistlichen Vater, sie war ihrem Manne entlaufen. „Ich kann es nicht mehr aushalten, es ist zu schrecklich." Jedoch sie empfing die Antwort: „Was du jetzt getan hast, deinem Manne zu entlaufen, ist ebenso schlimm wie das, was du zuerst getan hast, ihn zu heiraten. Gehe zurück auf den Platz, den du dir erwählt, beuge dich vor Gott und verherrliche jetzt deinen Heiland durch Demut im Leiden."

Man muß nicht denken, daß derartige Leiden nur bei Leuten geringen Standes vorkommen. Der Haß gegen Christus und gegen wahres Christentum ist unter Vornehmen und Gebildeten genau derselbe, bringt dieselben Ausbrüche hervor. Auch in vornehmen Häusern geschieht es, daß teure Kinder Gottes, die ihr Leben unbekehrten Männern in die Hand legten, eine völlig unwürdige Behandlung erdulden, und ebenso kommt es vor, daß eine unbekehrte Frau in ihrer bitteren Abneigung das ganze Zeugnis ihres gläubigen Mannes wirkungslos macht.

Vor der Ehe sagt der Mann feierlich zu, er würde seiner Frau auf dem Glaubensgebiet volle Freiheit lassen und sie niemals zu etwas zwingen, was gegen ihr Gewissen wäre. Jedoch solches Versprechen, selbst wenn es schriftlich gegeben wird, wird fast nie gehalten. Oder, wenn der Frau Freiheit gewährt wird, die Vergnügungen zu meiden oder Glaubensversammlungen zu besuchen, so läßt der Mann sie mit tagelangen Launen und Verstimmungen dafür leiden.

Der gewichtigste Teil dieser Schmerzen in solchen gemischten Ehen liegt in der Kindererziehung. Der gläubige Ehegatte fühlt die Verantwortung, die Kinder früh zu Jesu zu führen, sie in der Zucht und Vermahnung zum Herrn aufzuziehen, aber der Ungläubige arbeitet dagegen.

Eine gläubige Frau wünschte ihren heranwachsenden Sohn vor den Gefahren des Alkohols zu behüten; er war noch ein zwölfjähriger Knabe. Der ungläubige Vater nahm gerade daraus Veranlassung, dem Jungen täglich Wein einzuschenken. Natürlich gefiel der Vater dem Sohne besser als die Mutter. Aber was ist aus diesem Sohn geworden!

In einem vornehmen Hause lag die gläubige Mutter seit Jahren krank. Gott hatte es geschenkt, daß eine gläubige Erzieherin bei den heranwachsenden Kindern den Platz der Mutter ausfüllen konnte. Der Vater hatte einst, als er um seine Frau warb, auch alle jene schönen Versprechungen gegeben, und damals ließ die junge Christin sich betören. Nun lag sie seit Jahren krank, und der Mann suchte täglich sein Vergnügen außerhalb des Hauses, im Theater, auf Maskenbällen, in Gesellschaften usw. Spät in der Nacht kam er heim, seine Kinder sah er dann erst mittags. Dann ging sein Mund von der Lust der Welt über, die sein Herz erfüllte. Zu seiner kranken Frau trat er nur zu kurzen Besuchen ein, er hatte kaum Zeit dazu. War das ein Ehestand! Diese Christin sprach klar aus, daß der Herr sie in die Zucht genommen, weil sie durch ihre ungöttliche Verlobung und Eheschließung Ihm ungehorsam gewesen war. Das war nun etwa 14 Jahre her. Wo war das Glück geblieben, das ihr einst der Feind so lockend vorgestellt hatte, daß sie es an der Seite dieses liebenswürdigen, unbekehrten Mannes finden sollte?

Ein junger Christ verkündete das Evangelium, und Gott segnete seinen Dienst. Dann aber verheiratete er sich mit einer unbekehrten Frau. Nicht lange dauerte es, da machte sie ihm das Haus zur Hölle, ja sie trieb ihn in die Fremde. Die Erziehung der Kinder übernahm die ungläubige Mutter, das Leben des Vaters war ruiniert. Kann man ein Zeuge des Evangeliums sein, wenn im eigenen Hause der Unglaube regiert und die Kinder für die Welt erzogen werden? Das Wort sagt, daß ein Diener Gottes ein solcher Mann sein soll, der seinem Hause wohl vorsteht, der gläubige Kinder hat (siehe 1. Timotheus 3, 2-5).

Bekehrung in der Ehe

Ganz anders verhält es sich mit solchen Kindern Gottes, welche sich *in der Ehe* bekehrten. Die Schrift redet von solchen Ehen in 1. Korinther 7, 12-17. Der Apostel geht von der Voraussetzung aus, daß diese in der Ehe bekehrten Christen dem ungläubigen Ehegatten gegenüber treue Bekenner sein werden. Der ungläubige Mann oder die ungläubige Frau soll nun ein tägliches, lebendiges Zeugnis davon empfangen, was wahres Christentum ist. Die gläubigen Frauen sollten mit stillem Wandel in Demut und Treue ihren Männern ein Zeugnis sein, durch welches sie überführt und für den Herrn gewonnen würden (1. Petrus 3, 1-4). So kam einst ein hochgestellter Beamter Friede suchend nach Schluß einer Evangeliumsversammlung und sagte dem Boten Jesu: ,,Ich habe eine tägliche Predigt vom wahren Christentum in meinem Hause — das ist meine Frau, welche schwer krebskrank ihrem Sterben entgegengeht.''

Männer oder Frauen, die *in der Ehe* sich bekehrten, werden gesegnet werden, wenn sie treu sind und bei aller Demut niemals aus falscher Nachgiebigkeit in irgend einem Stück den Glauben verleugnen. Nur dann dürfen sie erwarten, daß ihr noch ungläubiger Ehegatte sich bekehrt — wenn dies geschieht, welch unaussprechliches Glück! Es ist in solchem Falle dringend anzuraten, daß sie dem unbekehrten Teil von Anfang an in Demut und Liebe ein ganz klares Bekenntnis ablegen. Natürlich muß das damit anfangen, daß der nun bekehrte Teil alles, was er zuvor gefehlt, worin er die Liebe versäumt oder verletzt, die Treue gebrochen hat, offen und ehrlich bekennt und um Verzeihung bittet, und daß er frei ausspricht: ,,Ich bin nicht mehr der Alte, der ich vorher war, Jesus hat mir ein neues Leben gegeben, ich gehöre jetzt Ihm und diene Ihm. Du wirst nun einen neuen Mann (oder eine neue Frau) haben.'' Es bedarf dann viel Weisheit und Gebet, um diesen neuen Weg in Treue zu gehen — nur, daß nicht um des Friedens willen der Herr verleugnet werde!

Es kommt in solchen Ehen dann häufig vor, daß der unbekehrte Teil sagt: Wenn du diesen Weg gehst, laß ich mich von dir scheiden. In weitaus den meisten Fällen ist dies nur eine Drohung. Besonders Männer, welche der Liebe ihrer Frau gewiß sind, benutzen dies, um die jungbekehrte Frau zur Verleugnung zu bewegen — nicht selten gelingt dies.

Eine junge, reiche, vornehme Frau hatte sich zu Jesus bekehrt und war sowohl ihrem Manne gegenüber als in dem gesellschaftlichen Kreise eine wirkliche Bekennerin geworden. In ihrer heiligen Freude sprach sie aus: „Nie möchte ich etwas tun, womit ich den Herrn betrübe." Dennoch dauerte es nicht lange, daß sie sich von den Drohungen ihres Mannes, er werde sich von ihr scheiden lassen, einschüchtern ließ. Sie gab ihm nach, wurde in der Gesellschaft und im Hause wieder die alte, bewunderte, künstlerisch veranlagte Weltdame. Aber der Herr ging ihr nach, sandte ihr Siechtum, wodurch sie zu langer Trennung von ihrem Manne gezwungen wurde, und es steht sicher zu hoffen, daß der Herr in Seiner Treue das verirrte Schäflein aus den Dornen herausholt.

Für ein treues Kind Gottes steht die Wegweisung geschrieben: „Wenn aber der Ungläubige sich trennt, so trenne er sich. Der Bruder oder die Schwester ist in solchen Fällen nicht gebunden" 1. Korinther 7, 15. Es soll also der gläubige Teil, *wenn der ungläubige sich trennen will*, nicht widerstreben. Möchten solche unter keinen Umständen ihren Glauben verleugnen, etwa in der Meinung, man könnte durch Nachgiebigkeit und Verleugnung den ungläubigen Teil zur Bekehrung bewegen. Dies wird nie auf dem Weg der Untreue gelingen, sondern nur auf dem Weg der Treue, des Duldens, des Glaubensgebetes.

Eine Christin, die von ihrem unbekehrten, scheingläubigen, ehebrecherischen Manne schlecht behandelt wurde, hatte jahrelang unter ihm schwer gelitten. Er hatte ihr oft erklärt, daß er sie nicht mehr bei sich haben wolle, endlich jagte er sie hinaus. Sie war nun frei und konnte, wenn auch in Ärmlichkeit, so doch ohne Bedrückung, ihr einziges Töchterlein erziehen. Jedoch statt diesen gottgegebenen Weg in Demut zu wandeln, kehrte sie nach kurzer Zeit zu dem feindlichen Manne zurück, und die Schule ihrer Leiden begann von neuem. Sie hatte sich selbst aus der Freiheit in die Sklaverei begeben.

Sehr häufig untersagen unbekehrte Männer ihren jungbekehrten Frauen das Lesen der Bibel, das Besuchen der Versammlungen der Gläubigen. Jedoch in solchen Fällen kommt zur Sprache, daß man Gott mehr gehorchen muß als den Menschen (Apostelgeschichte 4, 19). *Kein Kind Gottes darf sich von einem Menschen das Gebet und das Lesen im Worte Gottes verbieten lassen, selbst wenn es dafür leiden müßte* (vergl. 5. Mose 8, 3; Jeremia 15, 16; Psalm 119, 105-112; Kolosser 3, 16).

Was den Besuch der Versammlungen durch die gläubigen Frauen unbekehrter Männer betrifft, so muß vor allem betont werden, daß die gläubige Frau keine Pflicht der Liebe und des Dienstes gegen Mann und Kinder versäumen darf. Dies geht allem anderen voraus. Wohl ist es ein göttliches Gebot, daß die Christen die Versammlungen der Gläubigen nicht versäumen sollen (Hebräer 10, 25), jedoch, es ist nicht gottgewollt, daß eine gläubige Frau ihre irdischen Pflichten vernachlässige.

Es ist gewiß weise, daß eine gläubige Frau in Demut und Liebe von ihrem Manne die Erlaubnis *erbitte*, wenigstens einmal in der Woche die Versammlung besuchen zu dürfen. Wird ihr dies dauernd untersagt, muß sie ihr Leid und ihre Schwierigkeit dem Herrn sagen. Es *kann* dann gottgewollt sein, daß sie schließlich *in Demut* dem Manne erklärt, daß sie Gott mehr gehorchen muß als Menschen. Jedoch läßt sich hier keine für alle passende Vorschrift geben.

Ganz verkehrt ist es, wenn eine gläubig gewordene Frau die Erlaubnis zum Besuch der Versammlungen sich erkaufen will durch weltliche Zugeständnisse. Der Fall kommt vor, daß eine solche Frau sagt: Wenn ich meinen Mann ins Vergnügen, ins Theater begleite, dann erlaubt er mir auch, daß ich in die Versammlung gehe. Solches Handelsgeschäft ist nicht Zeugnis für Jesum, sondern *Verleugnung.*

Wenn ein in der Ehe bekehrter Gatte das heiße Verlangen hat, dem anderen Teil ein Führer zu Jesu zu sein, ein Wegweiser zur Errettung, so bedarf er dazu dreierlei:

— Tägliches Glaubensgebet um die große Gabe der Errettung des unbekehrten Gatten.

— Klares Zeugnis und unbestechliche Treue in der Nachfolge Jesu.

— Demut im Wandel und Treue im Kleinen zur Verherrlichung des Herrn.

„Denn was weißt du, Frau, ob du den Mann erretten wirst? Oder was weißt du, Mann, ob du die Frau erretten wirst?" 1. Korinther 7, 16. Sicherlich wird die Gnade an dem Treuen handeln über Bitten — nur müssen wir bereit sein, viel lieber alles zu leiden, als den Herrn und unseren Glauben zu verleugnen.

Tiefbewegt kam eine Dame nach Schluß einer Glaubensversammlung zu einem Zeugen Jesu und sagte: „Ich weiß, daß ich vor 14 Jahren eine Bekehrung erlebt habe. Aber ich weiß auch, daß ich in all diesen Jahren durch mein Leben in der Welt nicht da gewesen bin, wo der Herr mich haben wollte." Sie war mit ihrem weltlichen Mann, der sie sehr liebte und den sie sehr liebte, in die Welt gegangen. Ihr Gewissen hatte ihr immer bezeugt, daß sie einen Weg der Untreue ging. Gottes wunderbare Gnade heilte dies verdorbene Leben in einer herrlichen Weise. Die Frau kehrte in Demut zu Jesu zurück, der Mann bekehrte sich, das Haus wurde ein Zeugnis für den Herrn.

Der große Tag: Hochzeitsfeier!

Alle Gläubigen befinden sich auf dem Wege zur Hochzeit des Lammes, von welcher geschrieben steht: ,,Glückselig, die geladen sind zum Hochzeitsmahle des Lammes!'' Dann, wenn der Herr, unser Gott, der Allmächtige, die Herrschaft angetreten hat, wird das gewaltige Halleluja wie das Rauschen vieler Wasser, wie ein Rollen starker Donner durch die Himmel tönen:

,,Laßt uns fröhlich sein und frohlocken und Ihm Ehre geben; *denn die Hochzeit des Lammes ist gekommen, und Seine Braut hat sich bereitet*'' (siehe Offenbarung 19, 6-9).

Dann ist die Stunde gekommen, in welcher der Herr die Freude empfängt, welche als Ziel Seiner Wünsche und Sehnsucht vor Ihm lag, als Er das Kreuz erduldete (Hebräer 12, 2). Was dann im Himmel sein wird an Herrlichkeit und Freude, und wie es zugehen wird, wenn der König aller Himmel Seinem Sohne die Hochzeit ausrichtet (Matthäus 22, 1-2), liegt jenseits unserer menschlichen Begriffe. Das aber wissen wir, daß bei jenem Fest und Hochzeitsmahl göttlicher Reichtum, himmlische Glückseligkeit und vollkommene Heiligkeit vereint geschaut werden wird. Von dem Herrn, dem Bräutigam, dessen Angesicht leuchtet wie die Sonne in ihrer Kraft, bis zu dem geringsten der heiligen Engel herab, die dort dienen, wird alles vollkommen sein, königlich, in heiliger Würde. Von dieser, der wahren Hochzeit, ist jede irdische Hochzeit nur ein Gleichnis.

Wenn Kinder Gottes, welche ihre Bibel kennen, Hochzeit feiern, so ziemt es sich, daß dies Fest würdig sei des Herrn, der als erster Gast dazu geladen sein will. Wie schön, daß der Anfang der Zeichen, in welchen Jesus Seine Herrlichkeit offenbarte, auf der Hochzeit zu Kana war, von welcher geschrieben steht: ,,*Es war aber auch Jesus und Seine Jünger zu Hochzeit geladen*'' (siehe Johannes 2, 1-11). Sicher war dort auch die Verwandtschaft und Bekanntschaft des Brautpaares geladen. Der Kreis war nicht beschränkt auf Jesus und Seine

Jünger, *aber diese gaben der Hochzeitsgesellschaft das Gepräge.* — Man hatte nicht genügend für Wein gesorgt — vielleicht fehlten dazu die Mittel —, aber der Herr sorgte in Seiner Freundlichkeit dafür, daß es an nichts mangelte. Der Speisemeister, welcher viele Hochzeiten erlebt hatte, bei denen Jesus unter den Gästen nicht erblickt wurde, war gewöhnt, auf einer Hochzeit trunkene Menschen zu sehen. Aber auf der Hochzeit zu Kana, wo Jesus Seine Herrlichkeit offenbarte, ist dies sicher nicht zu sehen gewesen. Wie hätte der Sohn Gottes vor Trunkenen Seine Herrlichkeit offenbaren können?!

Wenn Gläubige Hochzeit feiern und die Verwandtschaft und Bekanntschaft einladen, so kommen naturgemäß unter den Gästen viele Unbekehrte. Aber *nicht diese* sollen der Hochzeit das Gepräge geben, *sondern Jesus und Seine Jünger.*

Die Kinder der Welt mögen ihre Hochzeiten mit Tanz und Theateraufführungen, mit lustigen Scherzen feiern; das ist ihr Recht, wer wollte es ihnen streitig machen? Jedoch wenn die Kinder der Welt zu einer Hochzeit von Gläubigen kommen, *so sollen sie Eindrücke davon empfangen, daß nicht der Geist und die Lust der Welt das Fest beherrschen, sondern die heilige Freude, welche von oben her ist,* und der Ernst, welcher das Bewußtsein von der Bedeutung solchen Tages allen Beteiligten auf das Herz legt.

Welch ein Unterschied, ob Kinder der Welt Hochzeit feiern oder Kinder Gottes! — Schiller sagt:

Ach, des Lebens schönste Feier
endigt auch des Lebens Mai!
Mit dem Gürtel, mit dem Schleier
reißt der schöne Wahn entzwei. —

Dies ist für viele moderne Ehen *leider* Wahrheit. Deshalb spricht auch die Welt von „Flitterwochen", hinter denen nachher die nüchterne Wirklichkeit des Lebens folgt mit abgekühlten Zuneigungen der jungen Eheleute. Ja, wie viele schmerzliche Enttäuschungen bringt der Ehestand denen, welche in trügerischem menschlichem Idealismus ihre Hoffnungen auf einen Menschen bauten — und wäre es der edelste, beste! Wie bald kommt die Zeit, da man die still geweinten Tränen mit Lächeln vor der Außenwelt zudeckt — später folgen in vielen Ehen die Jahre, in welchen man die gegenseitige Entfremdung nicht mehr zudeckt!

Zwar sind auch gläubige Braut- und Eheleute nicht gefeit gegen menschliche Entgleisungen, auch nicht gegen Enttäuschungen. Lernt man sich gegenseitig doch erst in der Ehe recht kennen, im Alltagsleben, wo dann beider Fehler und Schwächen zum Vorschein kommen. Aber diese sollen nicht zu Hindernissen werden, sondern müssen sich bei gemeinsamer Beugung und liebevollem Vergeben zu Segnungen wandeln, welche eine innere Vertiefung und Förderung zeitigen.

Deshalb feiern Kinder Gottes ihre Hochzeiten nicht mit trügerischen Hoffnungen; ihre Verbindung gründet sich auf den von beiden Seiten klar erkannten Gotteswillen. Wenn man den Weg geht, den der Herr zeigte, so gibt es keine Enttäuschung. Bei ihnen reißt, wenn es recht steht, am Hochzeitstage nicht der schöne Wahn entzwei, sondern die Gnade Gottes trägt sie, Mann und Frau, in ein neues Erleben der Liebe und Treue ihres himmlischen Vaters, in neue Segnungen hinein.

Ein gläubiges Brautpaar feiert sein Hochzeitsfest *mit tiefem Dank gegen Gott und mit stillem Vertrauen im Blick auf die Zukunft.* Beide wissen es, daß *der Herr*, der ihre Wege und Herzen wunderbar verband, der *Eckstein* des neuen Hauses sein muß, das nun gegründet werden soll. Sie sprechen auch von ihrem Hause: ,,Denn einen anderen Grund kann niemand legen außer dem, der gelegt ist, welcher ist Jesus Christus" 1. Korinther 3, 11. Sie wissen es mit Herzensüberzeugung: ,,Wenn der Herr das Haus nicht baut, so arbeiten umsonst, die daran bauen" Psalm 127, 1.

Gott, der Herr, hat das Fundament gelegt in der gottgegebenen Verlobung, Er hat die Mauern gebaut, indem Er für den Unterhalt des neuen Hausstandes alles darreichte, Er bringt am Hochzeitstage das neue Haus unter Dach.

Sie haben, wenn es recht steht, die Einrichtung und Ausstattung ihrer Wohnung im Verein mit den Eltern unter dem Gebet vorbereitet, daß der Herr jedes Stück segnen wolle, welches in das neue Heim getragen wird und mit dem Verlangen, daß alles lieblich sei zu des Herrn Ehre. Es ist wichtig für ein Christenhaus, daß seine Einrichtung *den gottgegebenen Verhältnissen entspricht und nicht darüber hinausgeht.* Wenn Gott Gnade gibt, kann nachher im Lauf der Zeit Stück um Stück ergänzt werden, je nach Bedürfnis und Vermögen. Jedes neue Stück des Hausrates ist dann *neue Ursa-*

che zu Dank und Freude. Das ist besser, als wenn der neue Hausstand mit überflüssiger Pracht ganz modern und stilvoll ausgestattet wurde — hernach aber fehlt's; man muß sich ängstlich einschränken und sitzt mit Sorgen und Tränen auf teuren Sesseln, unter schönen Bildern, die zu der schmalen Einnahme nicht passen. Weise Eltern statten ihre Kinder *einfach* aus!

Zum Hochzeitstage gehört als wesentliches Stück die bürgerliche Eheschließung auf dem Standesamt. Bei manchen Gläubigen besteht eine unberechtigte Geringschätzung dieser wichtigen Handlung. Tatsächlich aber wird auf dem Standesamt *der vor der irdischen Obrigkeit und vor dem menschlichen Gesetze gültige Ehebund geschlossen. Von diesem Augenblick an ist die Frau die rechtmäßige Frau ihres Gatten und trägt seinen Namen.* Sie ist in Wahrheit Frau X. geworden. Würde man sie, nachdem sie ihren neuen ehelichen Namen unter das Trauungsprotokoll geschrieben hat, noch als Fräulein N. anreden, so würde darin eine gewaltsame Mißachtung dessen liegen, was nunmehr vor der irdischen Obrigkeit Tatsache ist. Ja, es wäre eine Unwahrheit, denn beide Ehegatten haben mit ihrer Namensunterschrift feierlich bekräftigt, daß sie nunmehr Mann und Frau sind. Bei dieser entscheidenden Bedeutung der standesamtlichen Trauung ergibt sich von selbst, daß gläubige Brautleute *diesen Weg mit Gebet gehen.* Er bildet die gottwohlgefällige, notwendige Erfüllung einer von der Obrigkeit geforderten Pflicht.

Wenn Hochzeit gefeiert werden soll, so gibt es vieles zu bedenken. Man möchte doch *alles zur Ehre des Herrn und zur Freude des jungen Paares gestalten.* Man möchte es so machen, daß *das Zeugnis des Glaubens der Welt gegenüber klar sei,* daß aber auch die Kinder der Welt keine Ursache finden zu irgend einem berechtigten Tadel. Hundertfältig verschieden sind die Verhältnisse der Brautleute, daher trägt auch bei Gläubigen jede Hochzeit ein anderes Gepräge. Vielleicht gibt der nachfolgende briefliche Bericht über eine zweitägige Hochzeitsfeier ein paar gute Hinweise für solche Kinder Gottes, welche sich anschicken, Hochzeit zu feiern:

„Von der Hochzeit, die wir hier feierten, darf man sagen: ‚Es war aber auch Jesus und Seine Jünger zu der Hochzeit geladen.' Schon *am Nachmittag vor dem Hochzeitstag* kam ein großer Kreis von Kindern Gottes zusammen, um das

Brautpaar und die Hochzeitsfeier und die Zukunft des jungen Paares *mit Lobliedern und Gebet unter göttliche Segnung zu stellen.* Ein Geist der Freude und des Gebets ging durch diesen ganzen Kreis. Unsere Lieder gaben davon Zeugnis. *Gegen Abend* kamen dann die übrigen Hochzeitsgäste, die an langen Tafeln bewirtet wurden. Man hörte nach Tisch verschiedene Musikaufführungen und Gesänge. Braut und Bräutigam mit ihren Geschwistern wechselten sich dabei ab. Dann fand der Abend seinen Abschluß mit der Betrachtung des Wortes Gottes. *Alle, auch die Kinder der Welt, die unter den Hochzeitsgästen waren, vernahmen, was die Liebe Gottes ihnen zu sagen hatte.* So war der Hochzeitstag vorbereitet; die Hochzeitsgäste kannten sich nun schon gegenseitig ein wenig, und alle hatten verstanden, welches Gepräge diese Hochzeit tragen sollte.

Am *folgenden Vormittag* fand die standesamtliche Trauung statt, welcher dann mittags die eigentliche Hochzeitsfeier folgte. Nach dem Eingangslied wurde das junge Paar mit ernsten Fürbitten der Liebe unter die Gnade Gottes gestellt; durch den Mund erfahrener und bewährter Zeugen gab Gott Worte der Segnung, der Kraft, der Gnade. *Das Licht des Wortes Gottes* beleuchtete die gemeinsame Lebensaufgabe und den kommenden Weg dieser geliebten Kinder Gottes.

Dann aber geschah etwas, was vielleicht bei einer Hochzeit von Gläubigen eine Hauptsache sein sollte: Es wurde nicht nur zu dem jungen Paar geredet und für dasselbe gebetet, sondern nachdem dies geschehen war, erhob sich das Paar, und der junge Ehemann gab selbst für sich und im Namen seiner jungen Frau ein klares Zeugnis davon ab, *daß ihr Haus und Leben allein dem Herrn gehöre, daß Jesus, der Herr, ihres Lebens Fels, Sonne und Ziel sei, und daß das Bekenntnis Seines heiligen Namens die klare Überschrift über ihrem neugegründeten Hause bilden solle.*

Nachher folgte das Hochzeitsmahl. Derselbe Herr, welcher einst auf der Hochzeit zu Kana Wein in Fülle gegeben, hatte in Seiner Güte auch in diesem Hause für alles reichlich und würdig gesorgt. Es wurden bei Tisch nicht Festreden mit Hochrufen und Gläserklirren gehalten, wohl aber hörten wir *viele gute Worte des Dankes gegen den Herrn*, sowie Erinnerungen aus dem Familienleben und aus der Vergangenheit von Braut und Bräutigam. In schlichtem Wort und hübschen

Versen sprachen alte und junge Hochzeitsgäste. Die vielen Liebesgrüße und Segenswünsche, welche in manchem Telegramm aus der Ferne kamen, wurden verlesen; dabei wurde jedesmal aus der Bibel die Stelle vorgelesen, welche in dem Telegramm als Segenswunsch angegeben war. *So fand das Wort Gottes bei diesem Hochzeitsmahl einen breiten Raum.* Ernst und lieblich war nachher der Abschied des jungen Paares aus seinem Elternhaus. Wir alle, die beiderseitigen Eltern und Geschwister, waren in Vaters Stube versammelt. Dort empfingen unsere scheidenden Geschwister den letzten Segensgruß und Kuß, ehe sie ihre gemeinsame Fahrt antraten in die weite Ferne, hinaus auf das Meer des Lebens. Noch einmal beugten sich alle Knie vor dem gegenwärtigen Herrn. Dann folgte das Lebewohl in tiefem Frieden und stillem Vertrauen."

Die gemeinsame Fahrt übers Meer der Zeit

Der gemeinsame Weg von Mann und Frau, welcher am Tage der Hochzeit angetreten wird, ist kurz bemessen, es handelt sich um eine abgezählte Reihe von Jahren und Tagen, welche wir auf den Flügeln der Zeit mit Windeseile durchfliegen. „Denn es fähret schnell dahin, als flögen wir davon" Psalm 90, 10. Dessen sollten Ehegatten gedenken, für jeden Tag gemeinsamer Pilgerschaft danken und sich nur dann voneinander trennen, wenn dies durch die irdische Pflicht oder die klare Führung Gottes zweifellos gottgewollt ist. Für die, welche sich lieben, ist *Trennung — Vermissen*. Wo die Herzen recht zueinander stehen, wird es so sein, wie einst eine junge Christin ihrem abwesenden Mann schrieb: „*Mein Herz geht immer nach dir aus!*" —

Wenn man von Trennung spricht, so handelt es sich dabei nicht nur um Reisen, sei es in der Pflicht des Berufes, sei es zur Erholung oder zum Besuch von Verwandten; es gibt für Eheleute noch eine andere Art von Trennungen, *die innerlichen*, welche eintreten können, während man zusammen wohnt, ißt und schläft. Wenn jemand das Leben mancher Frauen mit den vier Worten darstellt: *Kochen — Waschen — Bügeln — Schweigen*, so liegt darin die Anklage, daß so viele Männer die Arbeit, die Hingebung ihrer Frauen als selbstverständlich hinnehmen, ohne um ihr Herzensglück und ihr inneres Leben und Gedeihen besorgt zu sein.

Der Anfang dazu liegt in dem versäumten gemeinsamen Gebet und dem versäumten gemeinsamen Betrachten des Wortes Gottes. Das tägliche Leben bringt dann für Mann und Frau eine solche Flut von Arbeit und Pflicht, daß sehr schnell eine Entfremdung eintritt, derart, daß sich die Kreise der beiderseitigen Gedanken nicht mehr berühren. Man kann natürlich über die Stiefel der Kinder, über die Krankheit einer Tochter oder über den Preis des Rindfleisches sprechen — jedoch das ist keine Berührung des inneren Lebens. Wie weit das später gehen kann, davon ein schmerzliches Beispiel:

Ein alter Christ mit weißem Haar, ein Landwirt, betrauerte den Tod seiner dritten Frau. Ein Bruder fragte ihn, ob seine Frau wirklich ein Leben mit dem Herrn gelebt habe. Er antwortete: ,,Ja, ich kann das nicht sagen, denn ich habe meine Frau niemals beten hören, aber mein ältester Sohn sagte, er glaube, daß er die Mutter manchmal habe in der Nebenstube beten hören." Welch ein Bild ist das von einem Ehestand, in welchem keine Berührung der Herzen mehr stattfand! Wie aber stimmt das mit dem Worte: ,,Gleichwie Christus geliebt hat die Gemeinde und hat sich selbst für sie gegeben"? Wenn eine Frau ihre Tränen still für sich weint, weil ihr Mann keine Zeit und kein Herz hat, um mit ihr ihre Schmerzen zu teilen, sie zu ermutigen, sie zu trösten aus Gottes Wort, wie stimmt das mit dem Worte: ,,Einer trage des anderen Last, und also werdet ihr das Gesetz Christi erfüllen"?

Sicherlich kommt auch der umgekehrte Fall oft genug vor, daß eine gläubige Frau ihr Herz gegen den Mann verschließt und in Selbstsucht und irdischer Gesinnung vergißt, was sie für sein Herz sein sollte — aber häufiger liegt dies Versäumen bei den Männern.

Eine Ehe, auch bei Gläubigen, kann entweder sich so gestalten, daß Mann und Frau *miteinander und füreinander* leben, oder sie leben *nebeneinander*. Es ist eine wichtige Frage für Kinder Gottes, die schon viele Jahre verheiratet sind: Leben wir wirklich *füreinander*, oder leben wir nur *nebeneinander?* Dabei können sie äußerlich durchaus achtbar wandeln, ohne Streit und Zank — und doch entfremden sie innerlich mehr und mehr, weil jeder sein inneres Leben, seine Schwierigkeiten, Fragen, Kümmernisse für sich behält.

An dieser Gestaltung wirkt jeder Tag mit; es geht entweder in wachsender Herzenseinheit oder in wachsender Herzensentfremdung. Das Zuschließen der Gedankenwelt voreinander führt mit Sicherheit *das Erkalten der Herzen* gegeneinander herbei. Dies aber ist ein wirkliches Unglück. Es gehören gar nicht viele Jahre dazu, um in einer Ehe dies Resultat hervorzubringen: Der Mann verdient das Geld, die Frau versorgt Haus und Kinder. Er hat eine treue Haushälterin, und sie hat einen fleißigen, achtbaren Mann. Das ist ja beiderseitig immer noch ein dankenswertes Glück — aber *es ist nicht eine Christenehe nach göttlichen Gedanken.*

Der treue Herr kommt angesichts dieser Gefahr den Seinigen zu Hilfe, gewöhnlich *durch tiefe Prüfungen.* Was in Tagen des äußeren Gedeihens, des Wohlstandes und der Gesundheit nicht zustande kam, das erreicht Gott oftmals durch bitteres Leid. Wenn Mann und Frau zusammen weinen und zusammen flehen müssen, dann öffnen sich die zuvor verschlossenen Herzen in neuer Liebe. Gott ist ein wunderbarer Erzieher. Er will nicht, daß die Liebe zwischen Mann und Frau mit der Zeit erkalte. Im Gegenteil, sie sollte wachsen mit den Jahren, in welchen sie gegenseitig Liebe und Treue voneinander erfahren. Einst sagte ein Alter bewundernd von einem Ehepaar: ,,*Die sind erst zehn Jahre verheiratet und haben sich schon so lieb!*'' Das wird aber nur da verwirklicht werden, wo ein Ehepaar täglich gemeinsam aus den Quellen Gottes trinkt und täglich füreinander dem Herrn dankt.

Überall, wo Gott einen Bund gründete, der in Christo sein Fundament hat, tut Satan sein Bestes, um ihn zu zerstören. Er versucht nicht nur, das Liebes- und Vertrauensverhältnis zwischen Freund und Freund, zwischen Kindern und Eltern zu zerstören, sondern auch das zwischen Mann und Frau. Mit großer List und Ausdauer sucht Satan dies Ziel zu erreichen, vor allem durch Mißtrauen, dann aber durch Verstimmungen, Launen, verletzte Gefühle oder wie man diese Sünden des Temperaments sonst nennen mag.

Auch Mann und Frau lernen sich erst in der Ehe kennen. Welcher Schmerz, wenn ein Kind Gottes den geliebten Mann oder die gottgeschenkte Frau zum ersten Mal verstimmt sieht, unter der Herrschaft einer bösen Laune, oder wenn zwischen zwei Kindern Gottes das erste Mißtrauen aufkommt, der erste Zweifel an der Liebe und freundlichen Gesinnung, oder wenn das erste unfreundliche oder gar harte oder zornige Wort gefallen ist! Denke ja nicht: Das kann bei uns nicht vorkommen! Es wird vorkommen, wenn nicht Mann und Frau in Demut und Wachsamkeit vor dem Herrn wandeln.

Aber wenn es nun vorkam, was soll geschehen? Dann sollten beide die ganze Gefahr verstehen, die ihnen droht. Die Schlange, Satan, hat die Tür des gottgegebenen Glückes so weit aufgedrückt, daß sie durch die Spalte sich hereinwinden kann, wenn die Tür nicht schnell geschlossen wird. Was muß geschehen? Es muß vor des Herrn Angesicht Bekenntnis, Demütigung, Abbitte erfolgen — wenn immer möglich *sofort,* allerspätestens jedenfalls am Abend, ehe man zur Ruhe geht.

Ja, auf den Knien vor dem gegenwärtigen Herrn muß der Schaden geheilt werden. Wenn dies geschieht, so wird man erfahren, daß Gott vermag, was wir Menschen nicht vermögen, nämlich, daß Er aus dem Bösen das Gute, aus dem Bitteren das Süße hervorkommen lassen kann. Er wird aus solchem aufrichtigen, gegenseitigen Bekenntnis eine vermehrte Liebe, ein tieferes Vertrauen hervorbringen und dazu Dank, Freude und Friede.

Dies also ist ein äußerst wichtiger Rat für junge Eheleute: *Schläft nie an einem Abend ein, ehe ihr nicht vor Gott alles weggeschafft habt aus euren Herzen, was Mißtrauen oder Verletztsein, was Nachtragen oder Bitterkeit heißt!* Das Wort Gottes sagt: „Lasset die Sonne nicht über eurem Zorn untergehen. Gebet nicht Raum dem Lästerer" Epheser 4, 26.27. Wird dies mißachtet, so wird die Schlange eindringen, und sie wird aus einem geringfügigen Anfange eine große, tiefe Verwüstung anrichten.

Wie lang die gemeinsame Fahrt über die weite und oft sturmbewegte Flut des Lebens sein wird, weiß der Herr. Soll die Fahrt glücklich sein, so muß Jesus das Steuerruder und das Kommando auf dem Schiffe haben, und zwar in jeder Entschließung und Anordnung, in der Verwendung des Geldes, in der Wahl der Beziehungen zu Freunden und in all den tausend mannigfaltigen Fragen, die das Leben bringt. Mit der Zahl der Kinder wächst die Verantwortlichkeit, wachsen die Schwierigkeiten, die Aufgaben. Da braucht's Kraft und Bewahrung, um durch alles in Frieden und Freude hindurchzuschreiten — und deshalb bedarf es *viel Gebet,* tägliches Gebet. Gläubige Ehegatten, welche ihre Schwierigkeiten, Sorgen, Lasten, Wünsche und Hoffnungen nicht in gemeinsamem Glaubensgebet täglich dem Herrn bringen, werden manchen Tag der Bedrängnis erleben, an welchem sie verzagen.

Ein wahres Christenhaus hat *Gebetsgemeinschaft* als Quelle des Segens und der Kraft zur Voraussetzung. Diese Gebetsgemeinschaft fängt bei geistlich gesunden Kindern Gottes ganz von selbst in der Verlobungsstunde an. Daß Mann und Frau täglich ihr Herz gemeinsam vor Gott ausschütten, daß dabei auch die Frau, sobald sie Bitten auf dem Herzen hat, die der Mann noch nicht aussprach, laut betet, ist selbstverständlich. Wo die Frau niemals betet, sondern immer nur der Mann, fehlt ein Stück der Erfahrung von dem Einssein im Herrn. Manches, was der Mann nicht bedenkt, liegt auf dem Herzen der Frau, und umgekehrt, und doch geht es sie beide an, ob es sich um ein krankes Kind handelt oder um eine Nachbarin, von der man Unfreundlichkeiten fürchtet, oder um den Einkauf der Winterkartoffeln, oder um eine andere Wohnung, die gesucht und gemietet werden muß.

Alles im Leben der Kinder Gottes: Essen und Trinken und was irgend man tut, soll unter Gebet geschehen. *Es gibt keine ehelichen Beziehungen, welche nicht durch das Gebet des Glaubens geheiligt und bewahrt werden müßten.*

Es läßt sich keine Vorschrift und Regel aufstellen, zu welcher Stunde Mann und Frau gemeinsam ihre Knie beugen sollen. Weitaus die meisten Gläubigen gehören den Geringen und Unbemittelten an. Da muß der Mann vor Tagesanbruch an die Arbeit, in die Fabrik. Oft findet sich erst abends die Stunde, wenn die Kinder zur Ruhe gebracht sind. Wichtig ist nur, daß diese stillen Minuten täglich gesucht und gefunden werden, in denen solch ein Ehepaar es erlebt, was in einem Kinderliede steht: ,,Nur ein Wort mit Jesus, und alles kommt zurecht.''

Der Herr hat den Seinigen eine große und besondere Verheißung hinterlassen: ,,Wiederum sage ich euch: Wenn zwei von euch auf der Erde übereinkommen werden über irgend eine Sache, um welche sie auch bitten mögen, so wird sie ihnen werden von meinem Vater, der in den Himmeln ist. Denn wo zwei oder drei versammelt sind in meinem Namen, da bin ich in ihrer Mitte'' Matthäus 18, 19-20. Dieses Vorrecht darf ein gläubiges Ehepaar zu jeder Zeit für sich in Anspruch nehmen und dann die Wunder Gottes erleben. So wandelt sich das Leben je länger, je mehr in eine Kette der erlebten Durchhilfen und Wunder Gottes, und mancher Tag wird ein klar erlebtes Ebenezer, ein bewußtes Zeugnis von der rettenden Macht und Gnade Gottes.

Die Verantwortlichkeit

Auf dem gemeinsamen Wege eines Ehepaares trägt die Frau sehr oft die bei weitem schwerere Last; auf ihr liegen Arbeit und Verantwortung für das Haus und die Kinder — wie mancher Tag kommt da, an welchem die Demut, die Geduld und das Ausharren geprüft werden!

Auch bei Gläubigen zeigt sich vielfach, daß der Mann viel mehr als die Frau von selbstsüchtigem Verhalten angefochten wird. Da ist es nötig, die Männer an den Dank zu erinnern, den sie ihren Frauen für die Last schulden, die sie so still tragen. Welch ein Vorrecht, eine gläubige Frau zu haben, die in Freude und Demut die Arbeit des Hauses trägt! Ja Dank, wirklich ausgesprochener Dank, Anerkennung für die viele Mühe und Treue, das ist für die Frau Sonnenschein und Freude. Aber bleiben nicht die meisten Männer diesen Dank ihren Frauen schuldig? Derselbe sollte sich vor allem ausprägen *in einem großen Vertrauen!*

Es soll einmal ein Fürst seinem Reichskanzler diesen Nachruf gewidmet haben: ,,Ich habe in meinem Leben nie bereut, seinen Ratschlägen gefolgt zu sein, aber ich habe oft bedauert, wenn ich seinen Ratschlägen nicht gefolgt bin.'' Liegt hier nicht für manchen Mann ein Fingerzeig, daß er die gottgegebene Weisheit und Klugheit seiner gläubigen Frau nicht geringachten soll? Ein Mann, dem es nicht geschenkt ist, in seiner Frau seinen wahren, gottgegebenen Reichskanzler zu erblicken, der kommt zu kurz.

Ein älteres, kinderloses Ehepaar lebte in Wohlstand und Frieden. Eines Tages erschien ein Verwandter, welcher dem Manne vorstellte, er könne seine Einnahmen glänzend vermehren, wenn er sich bei der Fabrik beteiligen würde, bei welcher dieser Vetter angestellt und beteiligt war. Die Frau, welche bald diesen Mann in seiner Selbstsucht durchschaute, riet ihrem Manne dringend ab. Aber all ihr Raten, Bitten, Warnen war vergebens. ,,Du verstehst das nicht, du hast keine Geschäftskenntnis!'' — damit wurden die Warnungen der

Frau abgewiesen. Das ganze Vermögen, welches noch dazu der Frau gehörte, wurde in diese Sache hineingeworfen. Man verließ das bisherige behagliche Heim und die Gemeinschaft der Gläubigen, um an den abgelegenen Ort jener Fabrik zu ziehen. — Nach zwei Jahren der Sorgen, der Enttäuschungen, des Kummers war alles verloren, und diese beiden Kinder Gottes gingen alsdann in äußerst bedrückten Verhältnissen ihrem Alter entgegen. Hätte der Mann den Rat seiner Frau beachtet, dann wäre es nicht so gekommen.

Jemand erzählte: ,,Einst kam an unsere Tür ein frommer Schwindler, der sich als Bruder einführte und so lieb und demütig, so bescheiden war und so vollkommen die Sprache Kanaans sprach und in der Bibel Bescheid wußte, daß ich den Mann an unseren Tisch nahm. Ich freute mich an diesem Menschen. Als er fortging, sagte meine Frau: ,Das stimmt nicht, das ist nicht richtig mit dem.' Ich hatte nichts gemerkt, aber es hat sich alsbald herausgestellt, daß er ein Gauner war, welcher brandschatzen ging bei den Kindern Gottes, und fast immer mit Erfolg. Er ist nachher wegen seiner Schwindeleien in das Gefängnis gekommen.''

Die besondere Klugheit der Frauen sieht in vielen Fällen weiter als der männliche Verstand. Auch wenn die Männer mehr Menschen kennengelernt und tiefer geblickt haben in die Sünde, die uns umgibt, so bleibt es doch wahr, daß meistens eine Frau die Menschen schneller durchschaut.

Ein alter und bewährter Christ sagte: ,,Ich habe, als ich jung war, den Herrn gebeten: ,Gib mir eine Frau, die diese drei Eigenschaften hat, daß sie *gesund sei, klug und verschwiegen.*' Sein Gebet ist erhört; der Herr hat ihn reich gesegnet. Wer das gleiche Vorrecht genießt, *der ehre seinen Kanzler!* Männer, die in allen Fragen unfehlbare Päpste sein wollen, werden bittere Lehren teuer erkaufen — freilich kann *nur eine demütige und stille Frau* ein einflußreicher Kanzler sein.

Es gibt im Leben der Gläubigen Tage des Sturmes, Tage der Bedrängnis. Wie herrlich, wenn ein Mann, der als ein Zeuge Jesu im Sturm und Kampf des Lebens steht, eine gläubige Frau hat, die ihm, wenn er heimkommt, das Wort Gottes zur Erquickung und zum Trost geben kann! Glückselig ist solcher Mann, wenn er gemeinsam mit seiner Frau die Knie beugen und sein Herz vor Gott ausschütten kann!

Ein alter Christ erzählt: Ich erinnere mich solcher Tage

der Bedrängnis und des Sturmes um des Zeugnisses Jesu willen. Ich kam nach Hause, da lag meine aufgeschlagene Bibel auf meinem Tisch und ein Zettel darin, auf dem Psalm 62, 6-8 angegeben war. Da stehen die Worte: ,,Nur auf Gott vertraue still, meine Seele! Denn von Ihm kommt meine Erwartung. Nur Er ist mein Fels und meine Rettung, meine hohe Feste; ich werde nicht wanken. Auf Gott ruht mein Heil und meine Herrlichkeit; der Fels meiner Stärke, meine Zuflucht, ist in Gott.'' Wie kostbar es ist, durch die Hand der Liebe am Tage des Sturmes auf den nie wankenden Felsen der Treue Gottes geführt zu werden, das kann nur der beurteilen, der es durchlebt. Eine glaubende, dem Manne völlig vertrauende, liebende Christin als Frau zu haben, ist nicht nur ein unaussprechliches Vorrecht, sondern es ist eine gottgegebene Stütze der Kraft, um den Weg des Kampfes siegreich zu gehen.

Für die Männer heißt es: ,,Ihr Männer, liebet eure Frauen wie euch selbst!'' Einst sah ein älterer, verheirateter Gläubiger, daß ein junger Christ seiner Braut ein Geschenk als Zeichen seiner Liebe brachte. Da sagte jener ältere mit einer gewissen Überhebung: ,,Meine Frau und ich, wir haben solche äußere Liebeszeichen nicht nötig!'' Als aber jener junge Bruder in die Wirklichkeit dieser Ehe hineinsah, merkte er, daß da nicht nur die Liebesbeweise von seiten des Mannes *überall fehlten*, sondern daß die demütige, stille Frau manche verborgene Träne weinen mußte.

Nie kommt eine Stunde, solange Mann und Frau auf Erden wandeln, in welcher es nicht nötig wäre, daß der Mann seiner Frau Liebe und Dank erwiese, wo und wie er irgend kann. Liebesbeweise sind Freude und Vorrecht, damit die Liebe frisch bleibe unter den Segnungen Gottes, bis der Lauf vollendet ist. Nicht die Blumen oder der Kuchen, die der Mann gelegentlich einmal seiner Frau mitbringt, wenn er aus der Arbeit, vom Dienst oder Geschäft kommt, beglücken sie, sondern der greifbare Beweis, daß er ihrer in Liebe gedacht hat.

Wie viele Männer, auch gläubige, lassen es an denjenigen Liebeszeichen fehlen, welche für eine Frau mehr wert sind als Blumen oder Geschenke: nämlich am freundlichen Wort, am liebevollen Blick des Dankes ins Auge und ins Herz hinein! Möchte kein gläubiger Ehemann seiner Frau ein Schuldner bleiben in der täglichen liebenden Freundlichkeit und

Herzlichkeit! Es kommt so schnell die Stunde, in welcher man diese Schuld nicht mehr abtragen kann. Wie viele Männer schon haben ihren Frauen Blumen auf den Sarg gelegt, aber auf dem Lebenswege hatten die Blumen gefehlt! Gott schenke es als eine Frucht dieser Zeilen, daß es bei vielen Kindern Gottes einen neuen Schmuck zarter Liebe in Haus und Ehe gebe, viel Dank und Herzensfreundlichkeit für die Frauen!

Was sagt Gottes Wort der gläubigen Frau? *„Die Frau aber fürchte den Mann."* Am größten Unglückstag, der je auf dieser Erde war, nämlich am Tag des Sündenfalles, sagte Gott zu Eva und zu der Frau überhaupt: *„Er wird über dich herrschen!"* Nur da, wo die Ehe gelebt wird nach göttlichen Gedanken, bleibt sie ein Stück vom Paradies. Zu diesen göttlichen Fundamenten der Ehe gehört dies: *„Er wird über dich herrschen!"*

Im Neuen Testament wird Sara als Vorbild hingestellt; von ihr ist gesagt: „Wie Sara dem Abraham gehorchte und ihn Herr nannte" 1. Petrus 3, 6. Im Epheserbrief heißt es: „Die Frauen seien untertan ihren Männern *als dem Herrn."* Was für ein gewaltiges Wort, daß die Frau zum Manne aufsehen soll wie zum Herrn, trotz mancher Schwachheiten und Mängel, die sich bei ihrem Manne etwa noch zeigen werden. *Es ist ein ungöttlicher Trieb der Frauen, regieren zu wollen;* da ist oftmals, besonders in reiferen Jahren, die Neigung erkennbar: sie möchten herrschen.

Wenn die Frau den Wunsch hat, einen Einfluß auszuüben, so ist das berechtigt, denn sie ist dem Manne zur Gehilfin gegeben. Jedoch eine Frau, die das wünscht, muß wahrhaft demütig sein. Je demütiger sie ist, um so mehr beeinflußt sie den Mann. Jeder echte Mann wird einer solchen demütigen Frau einen großen, entscheidenden Einfluß gewähren.

In manchen Kreisen wird äußerlich der Schein erweckt, als ob der Mann in der Frau eine angebetete Gebieterin erblicken sollte. Dies ist eine unbiblische Ritterlichkeit. Und ach, wie anders sieht es hinter den Kulissen aus! Solche menschlich ideale Ritterlichkeit bricht oftmals schon durch eine angebrannte Suppe oder durch eine unerwartet große Metzger- oder Schuhmacherrechnung in Stücke.

Zu den Offenbarungen *des antichristlichen Geistes* der Gegenwart gehört auch dies, daß der empörerische Geist offen von der *Emanzipation* (Befreiung) der Frauen redet. Gemeint ist die Befreiung des weiblichen Geschlechts aus der Beugung unter das männliche. Das erstrebte Ziel ist: Gleichstellung der Frau in betreff der Rechte und der Selbständigkeit mit dem Manne. Der Anfang dazu wird überall da gemacht, wo eine Frau ihren Willen nicht beugen will vor dem Willen des Mannes. Findet die Frau ihre Lust daran zu herrschen, widerspricht sie dem Manne, wünscht sie ihren Willen durchzusetzen, dann wird die Grundordnung Gottes in solchem Hause umgestoßen. *Es ist etwas Schreckliches, wenn man Frauen findet, die ihren Männern immer widersprechen, ins Wort fallen, das letzte Wort haben wollen.* Das ist ein Zustand der Empörung. Eine Christin, die selbst herrschen will, verunehrt den Herrn, zerstört ihr Glück; sie wird nie ihren Kindern gegenüber den rechten Platz einnehmen. Die Neigung so vieler Frauen zu herrschen, ihren Willen durchzusetzen, bezeugt nur, daß die menschliche Natur immer geneigt ist, dem Willen Gottes und der göttlichen Ordnung zu widersprechen.

(Wiederum ist zu bedenken, daß General von Viebahn diese Zeilen vor mehr als 70 Jahren schrieb. Was würde er sagen, angesichts der ungeheuer regen Tätigkeit der vielen emanzipatorischen Frauenbewegungen der 80er-Jahre mit all den bereits erreichten und noch angestrebten Zielen? Und was würde er sagen, wenn er jetzt miterleben würde, wie selbst gläubige Frauen ohne Bedenken emanzipierte Stellungen in Familie und Politik einnehmen, die ihnen so durch die göttlichen Ordnungen nicht zugedacht worden sind?)

Die vielen Spottverse, welche die Herrschsucht und Rechthaberei der Frauen darstellen und die falsche Biegsamkeit der Männer geißeln, sind aus der Wirklichkeit des Lebens. Wie wahr ist in vielen Ehen und Häusern dieser Vers:

Der Mann, er ist das Haupt,
was er sagt, muß geschehen; —
die Frau, sie ist der Hals,
sie weiß das Haupt zu drehen!

Da haben auch gläubige Frauen nötig, sich zu prüfen und sich warnen zu lassen, damit sie nicht den Spott der Welt in ihrer Ehe zur Wahrheit machen. Wenn man fragt, woher es kommt, daß es so wenig wahrhaft glückliche Ehen gibt, so muß man sagen, daß ein großer Teil der Schuld daran liegt, daß es so wenig wahrhaft demütige Frauen gibt.

Man kann keine Regeln und Gesetze machen, ob beispielsweise der Mann oder die Frau das Geld verwalten soll, denn die Lebensverhältnisse sind ja völlig verschieden. In Familien, wo vom schmalen Wochenverdienst alles bestritten werden soll, wo der Mann vom Tagesgrauen bis in den Abend draußen in der Arbeit steht, erledigen diese Fragen sich einfach — die Frau muß das alles machen. Man bedarf da auch nicht viel Überlegung, ob man dies oder jenes anschaffen soll, sondern man ist dankbar, wenn die Kinder satt sind und die Stube im Winter warm ist. Darin aber sind fast alle Ehen gleich, daß Mann und Frau ihre getrennten Gebiete der Verantwortlichkeit haben. Der Mann verdient das Brot, die Frau versorgt das Haus. Jedoch beide sind, wenn sie Jesu Eigentum sind, *eins im Herrn.* Beide sind sich bewußt, daß der Wille des Mannes entscheidet, aber wo es gottgemäß zugeht, entscheidet der Mann nicht gegen den Willen der Frau, sondern *mit deren Herzenszustimmung.*

Das Wort Gottes zeichnet das häusliche Glück bis in das einzelne, jedoch tritt dabei weder der Mann als Tyrann noch die Frau als Sklavin auf, sondern wir sehen da die Frau freudig walten in ihrem Hause, und der Mann läßt ihr volle Selbständigkeit und rühmt sie:

„Eine wackere Frau, wer wird sie finden? Denn ihr Wert steht weit über Korallen. Das Herz ihres Mannes vertraut auf sie, und an Ausbeute wird es ihm nicht fehlen. Sie erweist ihm Gutes und nichts Böses alle Tage ihres Lebens. Sie sucht Wolle und Flachs und arbeitet dann mit Lust ihrer Hände. Sie ist Kaufmannsschiffen gleich, von fern her bringt sie ihr Brot herbei. Und sie steht auf, wenn es noch Nacht ist und bestimmt die Speise für ihr Haus und das Tagwerk für ihre Mägde. Sie sinnt auf ein Feld und erwirbt es; von der Frucht ihrer Hände pflanzt sie einen Weinberg. Sie gürtet ihre Lenden mit Kraft und stärkt ihre Arme. Sie erfährt, daß ihr Erwerb gut ist: des Nachts geht ihr Licht nicht aus; sie legt ihre Hände an den Spinnrocken, und ihre Finger erfassen die Spindel. Sie breitet ihre Hand aus zu dem Elenden und streckt ihre Hände dem Dürftigen entgegen. Sie fürchtet für ihr Haus den Schnee nicht, denn ihr ganzes Haus ist in Karmesin gekleidet. Sie verfertigt sich Teppiche; Byssus und Purpur sind ihr Gewand. Ihr Mann ist bekannt in den Toren, indem er sitzt bei den Ältesten des Landes. Sie verfertigt Hemden und verkauft sie, und Gürtel liefert sie dem Kaufmann. Macht und Hoheit sind ihr Gewand, und so lacht sie des künftigen Tages. Sie tut ihren Mund auf mit Weisheit, und liebreiche Lehre ist auf ihrer Zunge. Sie überwacht die Vorgänge in ihrem Hause und ißt nicht das Brot der Faulheit. Ihre Söhne stehen auf und preisen sie glücklich; ihr Mann steht auf und rühmt sie: Viele Töchter haben wacker gehandelt, du aber hast sie alle übertroffen! Die Anmut ist Trug und die Schönheit Eitelkeit, eine Frau, die Jehova fürchtet, sie wird gepriesen werden. Gebet ihr von der Frucht ihrer Hände; und in den Toren mögen ihre Werke sie preisen!'' Sprüche 31, 10-31.

Wir bedürfen Gnade und Zucht des Heiligen Geistes, wenn wir das Gebiet der ehelichen Beziehungen zwischen Mann und Frau betreten wollen, ohne Schaden zu leiden und ohne Schaden anzurichten. Das Wort Gottes zieht da eine Grenze, welche man nicht überschreiten darf.

Gott hat Vorsorge getroffen, daß die Seinigen auf dem bedeutungsvollen Gebiet des ehelichen Lebens nicht ohne Unterweisung seien. Diese finden wir im 7. Kapitel des 1. Korintherbriefes. Die Welt, welche die Gläubigen zu Korinth umgab und aus welcher viele von ihnen erst vor kurzer Zeit herausgerettet waren, glich im Blick auf die Unsittlichkeit genau der Welt, die uns heute umgibt. Die Weltstadt Korinth war ein Sumpf der Unsittlichkeit. Letztere war so groß, daß man in damaliger Zeit sprichwörtlich von einem Sklaven der Wollust sagte: *Er lebt auf korinthische Weise.* In dieser Stadt der Pracht, des Reichtums, der Menschengelehrsamkeit und des Sündendienstes hatte Gott durch die Gemeinde der Gläubigen ein helles Licht angezündet. Wenn es leuchten sollte, so war es notwendig, daß die Gläubigen *auf dem Gebiete der Sittlichkeit und Sexualität* göttliche Anschauungen empfingen.

Die Frage der Ehe war dem Apostel brieflich unterbreitet worden, und er beantwortete sie dahin, daß es für einen Mann gut sei, keine Frau zu berühren — *vorausgesetzt, daß er vor geschlechtlichen Versuchungen bewahrt sei* (siehe 1. Korinther 7, 1-2). Da diese Gnadengabe, Vers 7, aber nur das Teil weniger Menschen ist, so spricht der Apostel den allgemeinen Grundsatz aus, *daß jeder Mann seine eigene Frau und jede Frau ihren eigenen Mann habe*, Vers 2. Es ist hierbei wichtig zu verstehen, daß das Wort Gottes an dieser Stelle die Ehe empfiehlt als den naturgemäßen und gottgegebenen Weg für einen Gläubigen, um vor den Gefahren fleischlicher Versuchungen bewahrt zu bleiben.

Vers 2 heißt genau übersetzt: ,,*Aber um der Hurereien*

willen habe ein jeglicher seine eigene Frau, und eine jegliche habe ihren eigenen Mann." Dies läßt die Auslegung zu, daß der Apostel sagen will: „Angesichts der euch von allen Seiten umgebenden schamlosen Unsittlichkeit ist es ein notwendiges Zeugnis von seiten der Gläubigen, daß sie vor den Augen der Welt in gottgewollter Ehe leben und das Beispiel ehelicher Treue geben." Vergl. dazu 1. Thessalonicher 4, 4.

Es würde falsch sein, diese gottgegebenen Worte nur auf die Korinther zu beziehen, weil dieselben moralisch tiefer ständen als die übrigen Menschen. Dies ist nicht der Fall. Wir alle gehören von Natur zu einem sündigen und ehebrecherischen Geschlecht (Markus 8, 38). Gott kennt unser Fleisch mit seiner Versuchlichkeit, Er weiß um die mannigfaltigen Anfechtungen, die auch an den Gläubigen herantreten, und das Wort Gottes trägt dem in Vollkommenheit Rechnung. Daher sind auch diese Worte *göttlich wahr, sie entsprechen durchaus der menschlichen Natur, und niemand wird sie ungestraft mißachten.*

Der Apostel Paulus hatte die Gnadengabe von Gott, auf dem Gebiete der Keuschheit keine Versuchungen zu erleiden. Er sagt: „Ich wünsche aber, alle Menschen wären wie auch ich selbst; aber ein jeder hat seine eigene Gnadengabe von Gott, der eine so, der andere so. Ich sage aber den Unverheirateten und Witwen: Es ist gut für sie, wenn sie bleiben wie auch ich. Wenn sie sich aber nicht enthalten können, so laßt sie heiraten; denn es ist besser zu heiraten, als Brunst zu leiden" 1. Korinther 7, 7-9.

Die Bibel rechnet nicht mit erträumten Idealmenschen, sondern mit den Eigenheiten solcher Menschen, wie sie tatsächlich auf der Erde wandeln. Wenn man wissen will, welcher Art unsere Neigungen sind, muß man das Wort Gottes fragen, aber nicht Menschen, welche ihre vermeintlichen *Erfahrungen* für maßgebender ansehen als das göttliche Wort. *Sogar der Teufel kann uns Erfahrungen machen lassen, wenn es in seine Pläne und Berechnungen paßt, indem er uns mit Versuchungen verschont.* Aber diese Erfahrungen werden trügerisch sein.

Hier steht ein wichtiger Grundsatz zur Belehrung: „*Es ist besser zu heiraten, als Brunst zu leiden.*" Es ist daher gottgewollt, daß ein Kind Gottes, wenn es in fleischlichen Versuchungen steht, vom Herrn die eheliche Verbindung mit einem Gotteskind erfleht, welches Gott ihm zugedacht hat.

Selbstverständlich liegt in der Tatsache, daß ein Gläubiger *versuchlich* ist, keinerlei Gewissenspflaster für etwaige Unwachsamkeit und Untreue. Es ist *tiefe Verschuldung und ein furchtbares Unglück*, wenn ein Gläubiger infolge von Unwachsamkeit in Gedanken oder Blicken, infolge von unmäßigem Essen und Trinken oder von unterlassenem Gebet in fleischliche Sünden fällt. Gott hat uns alles dargereicht, was wir zu einem gottseligen Wandel bedürfen (siehe 2. Petrus 1, 3-4); auch hat jeder Gläubige die Verheißung: „Gott ist treu, der nicht zulassen wird, daß ihr über euer Vermögen versucht werdet, sondern wird mit der Versuchung auch den Ausgang schaffen, so daß ihr sie ertragen könnt" 1. Korinther 10, 13. Das wird aber nur der Gläubige erleben, erfahren, welcher in Wachsamkeit vor Gott wandelt. Denn vor dieser Verheißung steht: „*Daher, wer zu stehen sich dünkt, sehe zu, daß er nicht falle.*"

Über die intimen Beziehungen zwischen Mann und Frau sagt das Wort Gottes: „Der Mann leiste der Frau die eheliche Pflicht, gleicherweise aber auch die Frau dem Manne. Die Frau hat nicht Macht über ihren eigenen Leib, sondern der Mann; gleicherweise aber hat auch der Mann nicht Macht über seinen eigenen Leib, sondern die Frau. Entziehet euch einander nicht, es sei denn etwa nach Übereinkunft eine Zeitlang, auf daß ihr zum Beten Muße habt; und kommt wieder zusammen, auf daß Satan euch nicht versuche wegen eurer Unenthaltsamkeit" 1. Korinther 7, 3-5.

Es ist von einigen Seiten unter gläubigen Christen die Lehre verbreitet worden, daß der intime Verkehr zwischen Mann und Frau in Widerspruch stehe mit der gottgewollten Heiligung, und daß es die Höhe wahren Christentums sei, wenn Mann und Frau wie Bruder und Schwester miteinander lebten. Man darf solche Lehren dreist als *satanisch* bezeichnen, denn sie verwüsten die Ehen und bringen unsägliches Leid hervor. Gegenüber solchen Lehren ist es wichtig, das Wort Gottes in seiner *unantastbaren Autorität anzuerkennen*. Niemand wird leugnen können, daß hier in Vers 3 und 4, indem beiden Teilen „Pflichten" gegeben sind, auch beiden *Rechte* zugesprochen sind. Vers 6 zeigt dann, daß dies *nicht Befehl* ist, sondern gewährte Freiheit. Die Deutung, als ob der Apo-

stel mit Bedauern eine „Konzession" gemacht hätte — wie
manche es auslegen —, entbehrt jeder Begründung.

Es ist eine wichtige Wahrheit, daß der einzige Mann, abgesehen von Elias, von dem die Bibel uns sagt, daß er entrückt
wurde, ohne den Tod zu schauen, Henoch war. Was steht
von Henoch geschrieben? „Und Henoch lebte 65 Jahre und
zeugte Methusalah. Und Henoch wandelte mit Gott, nachdem er Methusalah gezeugt hatte, 300 Jahre, und zeugte
Söhne und Töchter. Und alle Tage Henochs waren 365 Jahre" 1. Mose 5, 21-24. Also dieser Familienvater, der unter
seinen Zelten mit seiner Familie, seinen Hirten und seinem
Gesinde lebte, zeugte Söhne und Töchter, und seine Kinder
sahen vor sich einen Vater, der mit Gott wandelte. *Dieser
wunderbare Mann hat das Zeugnis gehabt, daß er Gott wohlgefallen habe* (siehe Hebräer 11, 5). Wo bleiben da die Heiligungslehren jener Leute, welche eine klösterliche Absonderung in die Ehe hineintragen wollen?

Man darf mit Sicherheit aussprechen, daß ein Ehepaar,
welches von Gott nicht so viel Söhne und Töchter annehmen will, als Gottes Güte ihnen zugedacht hat, *nicht in göttlichen Linien wandelt.* Es ist eine ungesunde Erscheinung,
wenn angesichts des geschriebenen Wortes: „*Entziehet euch
einander nicht!*" von einzelnen Persönlichkeiten gelehrt und
betont wird: Entziehet euch einander! Die bittere Frucht
verwüsteter Ehen ist nicht ausgeblieben und kann nicht ausbleiben. Solchen Lehrern, welche in Wort und Schrift den
ehelichen Verkehr auch da zur Sünde machen wollen, wo
derselbe nach 1. Korinther 7 legitimiert ist, muß man ernstlich entgegentreten. Die Fußspuren dieser Leute sind gekennzeichnet durch zerstörtes Glück teurer Kinder Gottes, durch
bittere Tränen und in vielen Fällen durch tiefe Sünden ihrer
beklagenswerten Schüler bis zum Ehebruch und sogar noch
entehrenderen Sünden. Man hat menschliche Keuschheitsgesetze für Eheleute geschmiedet, die nicht gottgewollt, nicht
biblisch sind, und hat dies harte Joch auf den Hals geliebter
Kinder Gottes gelegt. — Daß es auch Zeiten gibt, in denen
solche Entziehung gesegnet und dem Herrn wohlgefällig ist
nach Übereinkunft zwischen Mann und Frau, sagt das Wort
Gottes ganz einfach und klar.

(Entsprechend den Verhältnissen um die Jahrhundertwende warnt der Autor vor den überfrommen Heiligungslehrern.)

Heute müßte General von Viebahn wohl vielmehr vor manchen „Sexual-Aposteln" warnen, welche in öffentlichen Vorträgen und vor allem auch durch ihre Bücher die Sexualität in einer Art verherrlichen, wie solches in keiner Weise der biblischen Lehre entspricht. Dabei scheuen sich solche Leute nicht, unter frömmstem und christlichstem Anstrich die ganzen „Techniken" der ehelichen Vereinigung zwecks Erzielung höchstmöglichen Lustgewinnes bis in alle Einzelheiten zu beschreiben. Wir sind überzeugt, daß General von Viebahn, wenn er diese Dinge erlebt hätte, in aller Entschiedenheit und Schärfe vor solchen Vorträgen und Büchern warnen würde. — O Kind Gottes, fliehe vor der Sünde wie vor einer Schlange! Es ist nicht abzuschätzen, in welch unheimlichem Maße die Fantasie so vieler Christen durch solche Literatur verseucht, vergiftet und verteufelt wird. Kein Wunder, wenn in der Folge bei vielen Gläubigen das innige Herzensverhältnis zu Jesus Christus, dem himmlischen Herrn und Bräutigam, gestört ist und sich gar nicht mehr richtig entfalten kann.)

Eheliche Gemeinschaft ist nach Gottes Gedanken etwas ganz anderes als sündige Fleischeslust; bei Kindern Gottes wird sie geheiligt durch Gebet. Nie sollten Gläubige sich intim vereinigen, ohne zuvor den Herrn in Ehrfurcht anzuflehen, Er wolle sie beide im Bewußtsein Seiner Gegenwart bewahren, Er wolle sie erinnern, daß ihre Leiber Tempel des Heiligen Geistes sind, und wenn Er ihnen ein Kind schenke, wolle Er in Gnaden geben, daß es ein an Leib und Seele gesundes Kind sei, welches frühe Jesu Eigentum wird. Dies entspricht dem Worte Gottes und der Verantwortlichkeit der Gläubigen.

Die Heilige Schrift wendet *das große Geheimnis* von der Lebensgemeinschaft des Herrn mit den Seinigen auf die Wahrheit an: *daß Mann und Frau ein Fleisch sein werden.* Dies Wort ist eine Anführung aus 1. Mose 2, 24: „Darum wird ein Mann seinen Vater und seine Mutter verlassen und seiner Frau anhangen, und sie werden ein Fleisch sein." Also was sagt Gott? Daß es der naturgemäße Ausdruck der Ehe sein werde: „*Es werden die zwei ein Fleisch sein.*" Kann das, was als Bild der heiligsten Gemeinschaft zwischen Gott und Menschen gebraucht wird, wirklich bei betenden, gläubigen Kindern Gottes etwas so Unreines, Entwürdigendes sein, wie jene trügerischen Lehrer und Schriften es darstellen?

Es sei noch eins hinzugefügt: Treue Eltern werden ihre Kinder, ehe diese in die Ehe treten, über diese Dinge belehren. Niemand vermag das besser und zarter zu tun als eine Mutter.

Die Heilige Schrift enthält außer jenen Worten, welche den gottgewollten Verkehr zwischen Mann und Frau legitimieren, auch andere gleich bedeutungsvolle, *welche ihn einschränken.* ,,Ihr Männer, gleicherweise wohnt bei ihnen nach Erkenntnis als bei einem schwächeren Gefäße, dem weiblichen, ihnen Ehre gebend, als auch Miterben der Gnade des Lebens, auf daß eure Gebete nicht verhindert werden" 1. Petrus 3, 7. Sicherlich wird durch Mangel an Gewissenhaftigkeit, an zarter Rücksicht auf das schwächere Gefäß bei manchen Gläubigen ,,*das Gebet verhindert".* Der Mann sollte in vielen Fällen wissen und bedenken, daß seine Frau der Schonung, der Kräftigung und Erholung bedarf. Wie groß ist die Verantwortung eines Mannes, welcher die Nerven und Kräfte seiner treuen Frau in rücksichtsloser Selbstsucht seinen Wünschen opfert! Wie könnte der Heilige Geist in dem Herzen eines solchen Mannes ungehemmt das Leben des Gebets entfalten, wenn er weder an seinem eigenen Leib noch an dem Leib seiner Frau den Tempel des Heiligen Geistes ehrt! Wie könnte er mit glücklichem Herzen die Lebensgemeinschaft mit Gott genießen, wenn er das ihm anvertraute kostbare Kleinod, seine Frau, die ihm als höchster Erdenbesitz gegeben wurde, durch rücksichtslose Inanspruchnahme schädigt!

Auch steht geschrieben: ,,Die Ehe sei geehrt in allem und das Ehebett unbefleckt" Hebräer 13, 4. Dieses Wort redet nicht zu Hurern und Ehebrechern — diese wird Gott richten (Hebräer 13, 4), aber es redet zu Kindern Gottes, von denen manche dies Wort mißachtet haben, nicht durch ehebrecherische Untreue, wohl aber *durch ungezügelte Sinnenlust.* Insofern ist es bedeutungsvoll, daß unmittelbar vor dem 7. Kapitel des 1. Korintherbriefes, wie eine Einleitung dazu, die ernsten Worte geschrieben stehen: ,,Jede Sünde, die ein Mensch begehen mag, ist außerhalb des Leibes: wer aber hurt, sündigt wider seinen eigenen Leib. *Oder wisset ihr nicht, daß euer Leib der Tempel des Heiligen Geistes ist, der in euch wohnt, den ihr von Gott habt, und daß ihr nicht euer selbst seid? Denn ihr seid teuer erkauft worden; verherrlicht nun Gott in eurem Leibe"* 1. Korinther 6, 18-20. Jeder Aufrichtige fühlt, daß dies auch auf verheiratete Gläubige seine Anwendung findet.

Die Verantwortung ist groß. Welch ernste Frage ist es: *Sind wir vor den Augen des Herrn in Heiligkeit und Zucht wirklich das, was wir vor den Augen der Menschen zu sein scheinen?* So wie es manche Gläubige gibt, welche ihr Geschäftskonto oder ihren Kassenschrank als ein Gebiet betrachten, welches dem Herrn nicht unterworfen zu sein brauche, so gibt es auch verheiratete Kinder Gottes, welche wähnen, es sei in der ehelichen Gemeinschaft ein Gebiet, welches ausgeschaltet bleiben könne von der Unterwürfigkeit unter den gegenwärtigen Herrn. Sie untergraben selbst das gottgegebene und gottgewollte Glück ihrer Ehe. — Das Wort: ,,*Seid heilig, denn ich bin heilig*'' steht in voller Gültigkeit über den ehelichen Beziehungen zwischen Mann und Frau geschrieben. Jedes gläubige Ehepaar, welches dies liest, möge sich prüfen, ob es in Wahrheit im Lichte Gottes wandelt. Es gilt auch von diesem Gebiet in uneingeschränkter Wahrheit: ,,Wenn wir sagen, daß wir Gemeinschaft mit Ihm haben und wandeln in der Finsternis, so lügen wir und tun nicht die Wahrheit'' 1. Johannes 1, 6.

Es würde dem Herrn nicht wohlgefällig sein, bis in Einzelheiten den traurigen Spuren zu folgen, welche trügerische Heiligungslehrer auf dem Gebiete ehelichen Lebens hinter sich zurückgelassen haben, und ihre zum Teil groben Mißdeutungen der Schrift hier zu widerlegen. Sobald man den Unterschied mißachtet, welcher zwischen ehelichem Verkehr und sündiger Fleischeslust besteht, verfällt man einer völligen Verwirrung der Anschauungen. Ist es doch vorgekommen, daß ein lehrender Bruder den vertrauten Verkehr in seiner Ehe unter Tränen als Sünde in einem größeren Kreise bekannte. Über die grobe Taktlosigkeit und die Unzartheit eines solchen Bekenntnisses braucht man kaum zu reden.

Wie manches Mal wurde es erlebt, daß treue, gläubige Brüder unter Tränen klagten, daß sie in Versuchung der Unkeuschheit kämen, weil ihre Frauen sich ihnen entzögen und unzugänglich blieben für ihre Bitten und für den Hinweis auf Gottes Wort. Diese zerstörten Ehen, diese unglücklich gemachten Christen führten das hereingebrochene Unglück stets auf bestimmte lehrende Personen zurück, welche sie mit Namen nannten. Unter diesen befinden sich auch einige unverheiratete lehrende Schwestern, welche mit Eifer dieses Spezialgebiet betreiben, die Frauen ihren Männern zu entziehen.

Für alle jene Lehren einer Heiligung, welche widernatürlich sind, bleibt es bedeutungsvoll, daß das Wort Gottes mit so großem Ernste redet von denen, „welche verbieten zu heiraten, und gebieten, sich von Speisen zu enthalten, welche Gott geschaffen hat zu nehmen mit Danksagung für die, welche glauben und die Wahrheit erkennen" 1. Timotheus 4, 3.

Um nicht mißverstanden zu werden, sei nochmals gesagt, daß es für gläubige Eheleute nach dem göttlichen Worte sicherlich gewiesen ist, Zeiten der Enthaltsamkeit sich aufzuerlegen, um in dieser Zeit völliger und tiefer in die Lebensgemeinschaft mit Gott einzudringen. Darauf deutet nicht nur 1. Korinther 7, 5, sondern sogar schon manche Stelle Alten Testaments (z. B. 2. Mose 19, 15 und 1. Samuel 21, 4). Auch das sei betont, daß es zweifellos Gläubige gibt, welche durch die besondere Führung ihres Lebens eine dauernde Enthaltsamkeit auf ehelichem Gebiet *für sich* als gottgewollt erkennen und die sich eines Segens berauben würden, wenn sie diesen erkannten Gotteswillen beiseite setzen würden. *Aber würde es schicklich und dem Herrn wohlgefällig sein, zu anderen davon zu reden, oder könnte irgendein Mensch es verantworten, anderen ein solches Gesetz aufzulegen?*

Scheidung

Über die Frage der Ehescheidung unter gläubigen Christen spricht das Wort Gottes folgenden klaren Grundsatz aus: „Den Verheirateten aber gebiete nicht ich, sondern der Herr, daß die Frau nicht vom Manne geschieden werde (wenn sie aber auch geschieden ist, so bleibe sie unverheiratet oder versöhne sich mit dem Manne), und daß ein Mann seine Frau nicht entlasse" 1. Korinther 7, 10-11.

Also: Für ein gläubiges Ehepaar ist Ehescheidung ausgeschlossen. — Geschiedene Frauen, welche sich zum Herrn bekehren, sollen unverheiratet bleiben oder zu ihrem Manne zurückkehren.

Inwieweit das Wort Gottes einem *Manne*, der vor seiner Bekehrung auf Grund eines durch seine Frau begangenen Ehebruchs (vergl. Matthäus 5, 32) geschieden wurde, eine Wiederverheiratung gestatten könnte, erscheint zweifelhaft. Das Wort Gottes sagt: „Ich sage euch aber, daß, wer irgend seine Frau entlassen wird, *nicht wegen Hurerei* (also aus irgendeinem anderen Grunde), und eine andere heiraten wird, Ehebruch begeht; und wer eine Entlassene heiratet, begeht Ehebruch" Matthäus 19, 9. Hier *scheint* also eine Möglichkeit vorzuliegen, *wenn Hurerei der Frau der Grund der Scheidung ist*, die Wiederverheiratung des Mannes zu rechtfertigen. Wenn ein Christ dies mit unverletztem Gewissen glaubt tun zu dürfen, so steht er damit vor Gott. Jedoch zu einer solchen Verbindung *zu raten*, erscheint bei der ernsten Sprache des Wortes Gottes *bedenklich*. Man muß im Gegenteil einen Gläubigen, der dazu geneigt ist, *ernstlich warnen*.

Der Apostel bespricht sodann eine Ehe, in welcher sich Mann oder Frau *nach der Verheiratung* bekehrt hat. Er sagt: „Den übrigen aber sage ich, nicht der Herr: Wenn ein Bruder eine ungläubige Frau hat, und sie willigt ein, bei ihm zu wohnen, so entlasse er sie nicht. Und eine Frau, die einen ungläubigen Mann hat, und er willigt ein, bei ihr zu wohnen, so entlasse sie den Mann nicht. Denn der ungläubige Mann ist geheiligt durch die Frau, und die ungläubige Frau ist geheiligt durch den Mann; sonst wären ja eure Kinder unrein, nun aber sind sie heilig" 1. Korinther 7, 12-14. Nach der Bekehrung des einen gehen nunmehr diese beiden Ehegatten auf getrennten Wegen. Vorher wandelten sie zusammen *in den Wegen der Welt*, jetzt wandelt der gläubige Teil *in den Wegen Gottes*. Wenn der ungläubige Gatte mit dem neuen Wege und Wandel des Gläubigen zufrieden ist, keinen Einspruch dagegen erhebt, so liegt kein Grund vor, das eheliche Band zu lösen. Im Gegenteil, diese Ehe wird durch den gläubigen Teil geheiligt, seine Gebete, seine Zeugnisse von der Liebe Gottes und das Wort Gottes, welches er liest und bezeugt, stellen den ungläubigen Ehegatten unter göttliche Segnungen, ja, unter göttliche Verheißungen (siehe Apostelgeschichte 16, 31). Diese Verheißungen erstrecken sich auch auf die Kinder einer solchen Ehe und auf das ganze Haus. Diese Kinder, welche durch den gläubigen Vater oder die gläubige Mutter in der Zucht und Vermahnung zum Herrn erzogen werden (Epheser 6, 4), stehen nunmehr *auf einem Boden der Absonderung vom Wesen der Welt*. Deshalb nennt sie das Wort Gottes hier: *heilig*.

Der Apostel fährt fort: „Wenn aber der Ungläubige sich trennt, so trenne er sich. Der Bruder oder die Schwester ist in solchen Fällen nicht gebunden; in Frieden aber hat uns Gott berufen."

Wie manches Mal verwandelt sich in solcher ungleichen Ehe die eheliche Liebe in Haß und bittere Feindschaft um des Zeugnisses Jesu und des Wortes Gottes willen! Kein Wunder, denn die Anschauungen und Lebensziele sind zu verschieden geworden. Handelt es sich doch um die Lust der Welt, um die Vergnügungen, um Kindererziehung — lauter Gewissensfragen. Der Ungläubige sagt: „Ich will das, du mußt dich fügen." Der Gläubige erwidert: „Ich würde es dir gern zu Gefallen tun, aber um des Herrn willen kann ich nicht."

Dies ist für den gläubigen Ehegatten, welcher in Demut seinen Herrn verherrlichen möchte, ein unbeschreiblich schwerer Weg. Es kann dann dazu kommen, daß der ungläubige Teil erklärt: „Entweder entsage deinem Glauben, oder du mußt dich von mir trennen." In diesem Fall gibt das Wort Gottes dem treuen Gläubigen die volle Gewissensfreiheit, *ja sogar die bestimmte Weisung, die dargebotene Freiheit zu benutzen und zu gehen.* In solchem Fall wird zwar der Gläubige eine gerichtliche Scheidung nicht suchen, aber er wird derselben auch nicht widerstreben, wenn sie von der anderen Seite erzwungen wird.

Also der gläubige Teil, welchem die Ehe aufgekündigt wurde, soll die gottgegebene Freiheit in Frieden annehmen. Mancher ist geneigt, sich zurückhalten zu lassen durch den Gedanken: Wenn ich bleibe, wird sich mein Mann (oder meine Frau) bekehren. *Das Wort Gottes warnt davor.* Wir haben manche Beispiele, in welchen gläubige Ehegatten die angebotene Befreiung nicht angenommen haben und dadurch in ein unaussprechlich schweres Leben gekettet blieben, in welchem sie zuletzt ihren Glauben verleugneten.

Das Wort Gottes ist in allen diesen Fragen viel weiser als unser eigenes Herz. Jedoch ist hier zu beachten, es ist *immer der ungläubige Teil, welcher den gläubigen von sich stößt,* aber keineswegs darf der Gläubige danach trachten, sich von dem Ungläubigen zu lösen. In den meisten Fällen wird — dem Herrn sei Dank dafür! — der Blick auf die Kinder den Beweggrund bilden, daß die Ehe erhalten bleibe.

Die hier behandelte Frage ist in doppelter Beziehung wichtig. Zunächst sind die Gläubigen davor gewarnt, einen Platz tiefer Prüfungen eigenwillig zu verlassen. Solange der unbekehrte, dem Glauben feindliche Ehegatte den Gläubigen nicht von sich stößt, soll letzterer *ausharren.* Gott wird ihm zu Seiner Zeit zu Hilfe kommen. Es kann sein, daß ein feindlicher Ehegatte sich plötzlich bekehrt, dann verwandelt sich das ganze Leben.

Hier ein Beispiel: Ein längst vollendeter Knecht Gottes erzählt in seinen Aufzeichnungen, wie einst eine geringe Frau ihm die Wunder der Gnade mitteilte, welche Gott an ihrem Manne und dadurch an ihr und an ihren Kindern getan hatte. Die Frau sprach den alten, gesegneten Zeugen Gottes während einer Eisenbahnfahrt an:

„Als Sie damals in Pr. predigten, war ich namenlos unglücklich und so arm, daß ich mit meinen Kindern auf bloßem Stroh schlafen mußte und für die armen Würmer nichts mehr zu essen hatte. Mein Mann war aus dem Gefängnis in einem solchen Zustande zurückgekehrt, daß er einem Teufel ähnlicher sah als einem Menschen. Aber gleich beim Eintritt in die Wohnung erblickte er einen Anschlagzettel, der Ihren Namen trug. Er sagte zu sich selber: ‚Das muß derselbe W. sein, der mit mir im Bergwerk arbeitete; ich will hingehen und ihm zuhören.' Sie hatten als Text: ‚*Der Meister ist da und ruft dich*' Johannes 11, 28. Mein Mann wurde in der Versammlung sichtbar ergriffen. An jenem Abend saß ich zitternd vor Furcht in meiner Küche. Bei seiner Rückkehr befand sich nur ein kleines Stückchen Kerze auf dem Leuchter. Er fragte mich: ‚Wo sind die Kinder?' Ich antwortete ihm: ‚Sie sind zur Ruhe gegangen.' ‚Hole sie!' erwiderte er. Ich legte meinen Säugling, welchen ich auf den Armen hatte, nieder und ging hinauf. Ich kniete nieder bei meinen schlummernden Kindern und bat den Herrn, sie zu schützen; dann weckte ich sie auf und brachte sie hinunter. Zu meiner großen Überraschung nahm mein Mann die Älteste auf seinen Arm, küßte sie und sagte: ‚Mein liebes Kind, der Herr hat dir heute abend deinen Vater geschenkt!' Dann nahm er das zweite Töchterlein, den Knaben und das Jüngste und bewies auch ihnen seine Liebe in derselben zärtlichen Weise. Ich stand da und glaubte zu träumen. Doch da fühlte ich auf einmal, wie mein Mann meinen Hals umschlang, mich küßte und zu mir sagte: ‚Meine liebe Frau, der Herr Jesus hat dir heute abend deinen Mann neu geschenkt!'"

Wie lieblich tritt hier die rettende Gnade vor unser Auge! Ja, es ist so, wie einst der gläubige Hauptmann zu Kapernaum dem Herrn sagen ließ: „*Sprich nur ein Wort,* und mein Knecht wird gesund werden" Matthäus 8, 8.

> Du sprachst ein Wort, und sie erstanden,
> die Kreaturen ohne Zahl;
> *Du sprichst ein Wort, und Herzen schmelzen,*
> *die härter sind als Erz und Stahl.*

Auch in das Herz und Gewissen dieses wüsten Mannes hatte der Herr *ein Wort* gesprochen, und dies Wort hatte sich siegreich erwiesen: „*Der Meister ist da und ruft dich!*" Jesus hatte gerufen, und der gebundene Sünder, der gefangen lag in Ketten des Todes, hatte die Stimme des Sohnes Gottes gehört und war zum Leben gekommen. Denn also hat ja der Herr verheißen: „Wahrlich, wahrlich, ich sage euch, daß die Stunde kommt und ist jetzt, da die Toten die Stimme des Sohnes Gottes hören werden, und die sie gehört haben, werden leben" Johannes 5, 25. So war die Gnade Gottes dieser tief geprüften Christin zu Hilfe gekommen.

Es geschieht häufig, daß unweise, unbekehrte Verwandte ein Kind Gottes, das unter einem rücksichtslosen, untreuen Ehegatten leidet, auf den Weg der Scheidung drängen wollen. Jedoch dieser Weg bringt viele Schwierigkeiten und Demütigungen. Viele Ehescheidungsprozesse erstrecken sich über längere Zeit. Durch die Gewissenlosigkeit des schuldigen Teiles werden da viele Ränke und Kniffe, Verleumdungen und Verdrehungen angewendet, durch welche ein treues Kind Gottes tief gedemütigt wird. Die zartesten Beziehungen zwischen Mann und Frau werden oft in öffentlicher Gerichtssitzung schamlos breitgetreten. Diesen Weg kann ein Gläubiger nur dann in Frieden gehen, wenn er in Aufrichtigkeit sagen kann: ,,Dieser Ehescheidungsprozeß wurde mir aufgezwungen.''

Vor längeren Jahren wurde einer jungen Christin der Rat gegeben, den Weg der Scheidung zu betreten. Ihr Mann war oft rücksichtslos gegen sie gewesen, hatte ihr, trotz aller ihrer Aufopferung, das Leben tränenreich gemacht. Dazu hatte er sowohl im eigenen Hause als außerhalb die eheliche Treue verletzt. Aber trennen von seiner Frau wollte er sich nicht. Die junge Christin folgte dem Rat eines erfahrenen Bruders; sie harrte aus. Die Prüfungszeit währte noch zwei Jahre — dann griff der Herr ein und nahm den Mann durch Krankheit und Tod hinweg. Wie konnte dies Kind Gottes nun in Frieden zurückblicken — der Herr hatte es durch alles hindurchgetragen!

Anders liegt die Sache, wenn ein feindlich gesinnter Ehegatte den gläubigen Teil von sich jagt oder verläßt, ein Fall, der häufig vorkommt sowohl seitens unbekehrter Männer wie Frauen. Dann weist das Wort Gottes den gläubigen Teil an *zu gehen.*

Vor mehreren Jahren bekehrte sich die Frau eines Beamten. Die Eheleute, welche einen kleinen Sohn hatten, waren bis dahin überaus glücklich miteinander gewesen. Als aber diese Frau nun ein Leben des Gebets begann und täglich in ihrer Bibel las, entbrannte eine bittere Feindschaft von seiten des Mannes. Er verbot ihr Gebet und Bibellesen. Sie konnte ihm natürlich sagen, daß sie ihm gegenüber von ihrem Glauben schweigen könne und demütig ihm dienen wolle, daß sie aber weder ohne Gebet noch ohne Bibel leben könne. Nach kurzer Zeit stellte der Mann sie vor die Wahl:

„Entweder du sagst deinem Glauben ab, entsagst bestimmt dem Jesus, den du anrufst, oder du verläßt mein Haus und dein Kind." Sie konnte und wollte von ihrem Heiland nicht lassen; sie erfuhr den ganzen Ernst des Wortes: „Wer Sohn oder Tochter mehr liebt als mich, ist meiner nicht würdig" Matthäus 10, 37. Die Stunde war da, in welcher der schwere Kampf zum Siege ausgekämpft werden mußte. Sie mußte gehen und ißt seitdem fremdes Brot, aber sie ißt es in Frieden; der Herr hat sie unter das Dach von treuen Kindern Gottes geführt.

Es gibt auch Fälle, in welchen gläubige Frauen, welche um des Glaubens willen von ihren Männern hinausgewiesen waren, nachher freiwillig unter das harte Joch zurückkehrten. Dies war kein gottgewollter Weg; ein doppeltes Maß von Sklaverei und Demütigungen wartete diesen Dulderinnen, tiefe Schmerzen, welche der Herr ihnen nicht auferlegen wollte. In so schwierigen Lagen bedürfen Kinder Gottes Leitung und Bewahrung vom Herrn, ein tiefes Gebeugtsein unter die Führung und den Willen des Herrn und den Rat erfahrener Geschwister, welche im Worte Gottes gegründet sind.

Ein besonders schwieriger Fall liegt da vor, wo eine gläubige Frau von ihrem Manne fortgejagt wurde, bei welcher der Mann aber nachher Aufnahme fordert, weil er in seiner Armut und in seiner Trägheit dort eine bequeme Zuflucht zu finden glaubt. *Dieser Fall kommt häufig vor bei schlimmen Trinkern.* Zuerst wird die Frau mit den Kindern weggejagt. Wenn die beklagenswerte Frau sich nach Wochen und Monaten bitterer Not mit des Herrn Hilfe einen Verdienst verschafft und eine Wohnung gewonnen hat, erscheint plötzlich der Mann an ihrer Tür. Es ist mit ihm schnell bergab gegangen; ohne Arbeit und Verdienst sitzt der rohe Mensch im Elend auf der Straße. Nun sucht er bei der verstoßenen Frau eine Zuflucht. Der angetrunkene Mann fordert Einlaß, oft mitten in der Nacht. Zwar *kann* es Ausnahmefälle geben, in denen ein Trinker in wahrer Buße von seinem Sündenwege zu Gott umkehren will, dann soll die Frau ihn aufnehmen und ihm helfen, sobald er sich in der Erneuerung seines Lebens bewährt hat. Jedoch diese Fälle sind überaus selten. In der Regel sollte solche Frau schon um der Kinder willen den Trinker und Wüterich nicht aufnehmen; sie ist ihm nach göttlichem und menschlichem Rechte keine Hilfe schuldig. Ihre

Kraft und ihre Fürsorge gehören ihren Kindern. Deshalb ist es der Regel nach gut, solcher Schwester zu raten, daß sie an einen anderen Ort ziehen möge, wo sie den Nachstellungen ihres Mannes entzogen ist.

Die Familie, ein wichtiges Fundament

„Gott schuf den Menschen Ihm zum Bilde, zum Bilde Gottes schuf Er ihn; *Mann und Frau schuf Er sie*. Und Gott segnete sie, und Gott sprach zu ihnen: Seid fruchtbar und mehret euch und füllet die Erde und machet sie euch untertan" (1. Mose 1, 27-28; vergl. auch 1. Mose 5, 1-2). Gott schuf also *nicht Einzelmenschen*, welche in Unabhängigkeit voneinander auf dieser Erde leben sollten, sondern Er schuf das Menschengeschlecht in dem Rahmen der Ehe und Familie. Als der Mensch das Paradies verloren hatte durch die Sünde, als auf dem Acker des Lebens voll Dornen und Disteln der Kampf um das Dasein begann, die Arbeit im Schweiße des Angesichts, setzte Gott den Mann zum Herrn in seinem Hause (1. Mose 3, 16), zum verantwortlichen Gebieter. So wurde die Familie eine Monarchie, aber nicht eine absolute, sondern eine Monarchie, in welcher die Frau neben dem Manne den Platz als Gehilfin und Beraterin erhielt, und in welcher alles auf Liebe und Treue gegründet sein soll.

Wiederum, als durch die große Flut das Gericht über die gottlos gewordene Menschheit hereinbrach und Noah als einzig gerechter Mann unter seinen verderbten Zeitgenossen errettet werden sollte, begnadigte ihn Gott nicht als Einzel-Individuum — nein, es steht geschrieben: „Gehe in die Arche, *du und dein ganzes Haus*, denn dich habe ich gerecht erfunden vor mir in diesem Geschlecht" 1. Mose 7, 1. So wurde auch in diesem Falle bei der Erneuerung des Menschengeschlechtes aus Noahs Samen *die Familie* der Gegenstand der Begnadigung und die Grundlage göttlichen Segens.

Das Wort Gottes läßt den Menschen volle Freiheit in betreff der staatlichen und bürgerlichen Ordnungen und Gesetze; es läßt Raum für jede Staatsform, für erbliche Monarchie oder Wahlkönigtum, für Republik oder Diktatur, für Bundesstaaten oder Staatenbunde. Auch gibt es im Worte Gottes keine besonderen Vorschriften für Könige, Minister, Heerführer oder Regierungspräsidenten, aber Gott redet eingehend und deutlich *von den Ordnungen der Familie*, von der Verantwortlichkeit von Vater und Mutter, von der Gehorsamspflicht der Söhne und Töchter, von den Pflichten der Dienenden im Hause. *So ist die Familie die erste Gottesordnung, das Fundament, auf welchem alle anderen Ordnungen im Volks- und Staatsleben sich aufbauen*, und welches durch keine andere menschlich erdachte Ordnung oder Form des Zusammenlebens ersetzt werden kann.

Vater und Mutter bilden die erste von Gott geordnete Obrigkeit, welche die Pflicht der Regierung, der Fürsorge, der Erziehung und das Recht der Bestrafung hat. In diese göttliche Ordnung hinein wird der Mensch geboren, sie bildet die Grundlage seiner Existenz; dort empfängt er seinen Namen, seine Sprache und Heimat, ja alles, was er auf Erden ist und wird. Alle Grundbegriffe über Liebe, Treue, Pflichten und Rechte werden *in der Familie* gebildet. Das, was einem Kinde und Jüngling in der Familie geworden ist oder gemangelt hat, begleitet ihn als Segen oder als Mangel durch sein ganzes Leben und Werden.

Kein Wunder, daß die Bemühungen des großen Feindes der Menschheit, Satans, dahin gerichtet sind, dieses Fundament aller Ordnung und Segnung zu zerstören. Der antichristliche Geist der gegenwärtigen Zeit, welcher alle göttlichen Ordnungen außer Kraft zu setzen trachtet, hat erkennbar sein Bestreben *auf die Auflösung der Familie* gerichtet. Die in vielen Völkern gesetzlich erleichterte Lösbarkeit der Ehe, die Unabhängigkeit der Frauen, das schamlose öffentliche Eintreten und Werben für den Grundsatz der sogenannten ,,freien Liebe'', die mächtig gesteigerte Zahl der als ,,wilde Ehen'' bezeichneten Liebesverhältnisse — das alles sind Zeichen der Zeit, welche erkennen lassen, daß in vielen Menschen die Begriffe über den Wert und die Bedeutung der Ehe und der Familie erschüttert sind.

Insofern ein Staat durch seine Gesetzgebung dieser Auflösung seiner Fundamente Vorschub leistet, *beschleunigt er seinen Untergang.* Überall da, wo die verantwortlichen Organe eines Staates die Unantastbarkeit der Familie und ihrer Ordnungen gegen den Ansturm des Umsturzes nicht mehr zu schützen vermögen, erklären sie sich selbst außerstande, der wesentlichsten Aufgabe ihrer Verantwortlichkeit zu genügen. Welche Obrigkeit könnte erwarten, von den Bürgern ihres Volkes geehrt zu werden und die Staatsgesetze geachtet zu sehen, *wenn in diesem Volk Vater und Mutter nicht mehr geehrt und geachtet werden?* Wie könnte man da Liebe und Aufopferung für das Vaterland erwarten, wo Liebe und Aufopferung für die erste und wahre Heimat des einzelnen, für seine Familie, sein Vaterhaus, erloschen sind? Wie könnte Zucht und Ordnung aufrechterhalten werden in einem Volke, dessen Glieder von ihrer Jugend auf den Eigenwillen und die Zuchtlosigkeit gegen Vater und Mutter an die Stelle von Ordnung und Zucht setzen durften?

Es ist bezeichnend, daß bei den großstädtischen Unruhen der letzten Jahre (auch speziell in Berlin) stets eine Flut von jüngeren Männern und Frauen in den plötzlich aufgeflammten Widerstand gegen die Obrigkeit eintrat, welche heimatlos, aus dem Familienleben gelöst, dem Eigenwillen und der offenbaren Sünde dienend, als das eigentliche und wahre Proletariat bezeichnet werden muß. Diese nach Hunterttausenden zählende Masse ergänzt ihre Reihen aus den jährlich wachsenden Ziffern der jugendlichen Verbrecher. In diesen Scharen, die vom Familienleben völlig gelöst sind, ist es ein selbstverständlicher Grundsatz, ja ein Fundament ihrer Gesamtanschauung, *daß es weder eine göttliche noch eine menschliche Autorität gibt, der sie sich zu beugen oder welche sie zu scheuen hätten.*

Die Menge dieses familienlosen Proletariats wächst von Jahr zu Jahr. Sie fordert für ihre zuchtlosen Anschauungen Berechtigung und Raum im Staats- und Volksleben; ihre Anschauungen finden öffentliche Vertretung in Presse, Parlament, Literatur, Theater und Kinos, ja sogar vor Gericht durch gewandte Rechtsanwälte, welche dieselbe Gesinnung hegen. Damit ist der Niedergang der betreffenden Nationen besiegelt — es sei denn, daß es der Energie und Weisheit führender Staatsmänner gelinge, in der Gesetzgebung und in der gesamten Anschauung des Volkes die Ordnung der Familie wieder zu Ehren zu bringen und zu schützen. Inwieweit dies möglich und zu erhoffen ist bei dem überwältigenden Einfluß der Schule und ihrer in gewaltiger Majorität vom Christentum gelösten Lehrerschaft, bleibe dahingestellt.

Die überflutende Gewalt der Unsittlichkeit fördert den Ruin von Zucht und Sitte. Die statistischen Ziffern der letzten Jahre über die geschlechtlichen Erkrankungen der Militärpflichtigen und der Studentenschaft übertreffen weit die dunkelsten Befürchtungen. So wird die Jugend vieler Völker von allen Seiten von der Anschauung gelöst, daß die Ehe und die Familie das wichtigste nationale Heiligtum ist. Diese gottgegebenen Mauern der Bewahrung, innerhalb deren für jedes Volk Segen und Gedeihen erblühen, werden eingerissen, die Flut des Verderbens bricht ungehemmt herein.

Wer vermag inmitten unserer mehr und mehr von Gott und den Fundamenten des Christentums sich lösenden Völker in wirksamer Weise über die Segnungen, Verheißungen und Ordnungen der Familie Zeugnis abzulegen? Wer vermag seine eigene Familie zu bewahren vor dem Eindringen des antichristlichen Geistes, vor der Unterminierung der Fundamente seines Hauses durch die moderne Welt- und Lebensanschauung? *Das vermögen nur die, deren Haus auf den Felsen Christus gegründet und deren unerschütterliches Lebensfundament das Wort Gottes ist.*

Ein wahrer Christ ist überzeugt, daß der Herr, welcher durch Sein Wort redet, persönlich bei den Seinigen gegenwärtig ist, um Sein Wort zu bestätigen. Ja, Er wird es bestätigen Wort um Wort, sowohl in Seinen Verheißungen als in Seinen Drohungen, sowohl im Segen als im Fluch. Die gläubigen Christen tragen in erster Linie Verantwortung, daß ihre Häuser, auf göttlichem Fundament begründet, lebendige Darstellung der ersten Gottesordnung, *der Familie*, sind. Diese hat die göttliche Verheißung des Segens. Aber wo man sich von Gott und Gottes Wort gelöst hat, ist alles Mühen und Bauen *umsonst!* Denn: ,,Wo der Herr nicht das Haus baut, so arbeiten *umsonst*, die daran bauen. Wo der Herr nicht die Stadt behütet, so wacht der Wächter *umsonst*. Es ist *umsonst*, daß ihr früh aufstehet und hernach lange sitzet und esset euer Brot mit Sorgen; denn Seinen Freunden gibt Er's schlafend'' Psalm 127, 1-2.

Möchten alle gläubigen Familienväter sich auch dessen bewußt bleiben, daß *die Glaubensfürbitte für Obrigkeit, Volk, Heer und Vaterland eine wirkliche Macht der Bewahrung, des Segens ist, eine wirkende Kraft*, welche wir in so ernster Zeit einzusetzen verpflichtet sind. Die gewichtigste Steuer, welche wir der Obrigkeit schulden, ist diese, daß aus unseren Häusern heraus täglich eine Wolke von Fürbitten der Liebe und Treue aufsteige für unser irdisches Vaterland.

Das Christenhaus, ein Zeugnis vor der Welt

Ein Christenhaus ist nur da, wo Mann und Frau in Einheit des Glaubens dem Herrn nachfolgen, so daß in allen Dingen und Fragen der Wille des Herrn, das Wort Gottes, aber nicht die Anforderungen der Welt die Entscheidung geben. An der Schwelle eines Christenhauses läuft eine *heilige Grenzlinie,* welche das Reich der Welt *draußen* von dem Reiche Jesu *drinnen* trennt.

Jeder, der diese Grenzlinie überschreitet, soll erfahren und erleben, daß er ein Haus betreten hat, welches eine Provinz des Lichtreiches Jesu Christi bildet. Sowohl der Bettler, der an die Tür kommt, als der Fremde, der zum Besuch kommt, der Geschäftsmann, der Handwerker, der Arzt, der Musiklehrer oder wer immer es sei — jeder soll von einem Strahl des Lichts und der Liebe Jesu berührt werden. Die Kinder solchen Hauses in der Schule, die Hausfrau oder die Dienstboten, welche zum Einkauf in die Stadt oder auf den Markt gehen, der Vater in seiner Tagesarbeit, die Mutter, wenn sie Arme oder Kranke besucht — alle sollen Zeugnisse und Strahlen des Lichtes in die Welt hinaustragen. Draußen mag Kampf sein, drinnen soll Friede sein. Draußen mag die Selbstsucht regieren, drinnen soll die Liebe Jesu leuchten. Draußen mögen sorgenbeschwerte Menschen des Lebens Last tragen — drinnen sollen Menschen wohnen, welche alle ihre Lasten und Sorgen auf den Herrn geworfen haben. Die Welt draußen kennt den Gott der Liebe, den Vater der Erbarmungen, nicht, aber die Kinder Gottes in solchem Christenhause dürfen unter einem *geöffneten Himmel* leben, im Gnadensonnenschein, in lebendiger Hoffnung.

Wie mächtig ist solches Zeugnis inmitten einer Gott entfremdeten Welt, wenn es wirklich in seinen Grundlinien diesem gottgewollten Bilde entspricht. Welche Gnade, wenn Gott zwei Seiner geliebten Kinder zusammenfügt, um solches Haus zu gründen.

Als Josua das Volk Israel vor die Lebensentscheidung stellte, ob die Götzen dieser Welt oder Jehova, der einige lebendige Gott, ihr Gott sein sollte, sprach er: *„Ich aber und mein Haus, wir wollen dem Herrn dienen"* Josua 24, 15. Dies ist auch das Zeugnis jedes wahren Christenhauses in der gegenwärtigen Zeit des Abfalls vom Christentum. Ein anmaßendes Geschlecht berauscht sich rings um uns her im Tempel des Genusses und des Übermutes, erstrebt eine Kultur, losgelöst von Gott, stolz auf die eigene Größe, und daneben verzweifeln die Menschen in Hoffnungslosigkeit. Ein Christ dagegen, der auf seinem Lebensweg die Treue und die Wunder Gottes erfahren hat, bekennt freudig: *„Ich aber und mein Haus!"*

Einst, da er Jesu Eigentum wurde, fand er im Worte Gottes: „Denn es sollen wohl Berge weichen und Hügel hinfallen; aber meine Gnade soll nicht von dir weichen, und der Bund meines Friedens soll nicht hinfallen, spricht der Herr, dein Erbarmer" Jesaja 54, 10. Dann hat er erlebt, daß Gott an ihm diese Verheißung erfüllte. Nun hat er sein Haus auf Christus, den Felsen, gebaut, und die Gnade Gottes hat ihm, wo es recht steht, in seinem Hause ein Stück vom verlorenen Paradiese zurückgegeben. Sein Haus soll ein Bethel sein, das heißt *ein Haus Gottes,* wo Mann und Frau in Einheit des Glaubens sprechen: „Ich aber und mein Haus, wir wollen dem Herrn dienen!" Jesus soll unser alleiniger Gebieter sein, und Sein Wohlgefallen soll in jeder Frage die Entscheidung geben. Wir haben nur ein Verlangen: Ihm Freude und Ehre zu machen, Ihn vor der Welt zu bekennen.

Ist schon jeder einzelne Gläubige ein vom Herrn angezündetes Licht in dem dunklen Hause dieser Welt, wieviel mehr leuchtet ein helles Licht da, wo in einem Christenhause Vater und Mutter Zeugen der Gnade Gottes, Zeugen der Gegenwart des lebendigen, rettenden Heilandes sind. Da hat Gott einen *Leuchtturm* gebaut, gleich jenem ehrwürdigen Leuchtturm an der englischen Küste, der die Inschrift trägt: *Licht zu geben — Leben zu retten!*

In Philippi entstand die erste Christengemeinde Europas durch die Bekehrung von *zwei Häusern,* dem Hause der Lydia und dem des Kerkermeisters (siehe Apostelgeschichte 16, 14-15 und 27-34). Der letztere kam mit seinem ganzen Hause *in einer Nacht* zum Glauben. Das Haus des Stephanas bildete den Anfang des Zeugnisses in Achaja (1. Korinther 16, 15); zu Korinth wurde das ganze Haus des Krispus gläubig

(Apostelgeschichte 18, 8). Auch der römische Hauptmann Kornelius zu Cäsarea erlebte es, daß sich sein ganzes Haus an einem Tag bekehrte (Apostelgeschichte 10, 44-45).

Das an den Kerkermeister zu Philippi gerichtete Wort gibt jedem Gläubigen ein Anrecht, von der Gnade Gottes die Bekehrung und Errettung seines ganzen Hauses zu erwarten. Wir erleben es auch tatsächlich in vielen Fällen, daß Mann und Frau, Eltern und Kinder sich kurz hintereinander, oft sogar an demselben Tag, aus der Welt zu Gott bekehren, und daß so das ganze Haus wie mit einem Schlag verwandelt wird. Dies ist um so bemerkenswerter, als solche Kinder Gottes, die, wiewohl dem Herrn gehörig, unbekehrte Männer (oder Frauen) heirateten, in den meisten Fällen lebenslang mit vielen Schmerzen neben einem ungläubigen Ehegatten ihren Weg gehen müssen!

Es war ein lieblicher Fall und ein besonderes Zeugnis gegenüber der Welt, als sich im Jahre 1907 während einer Reihe von Evangelisationsversammlungen zu N. an einem Abend ein Mann zum Herrn bekehrte. Er war Fabrikarbeiter und hatte sich etwa drei Jahre zuvor verheiratet, nachdem er seiner Braut durch fünf Jahre, auch während seiner Soldatenzeit, die Treue gehalten hatte. Jetzt aber stand die Ehescheidung bevor, weil die junge Frau aus unerklärlicher Eifersucht sich von ihrem treuen Mann trennen wollte. Der letzte Sühnetermin sollte vor dem Amtsrichter in drei Tagen stattfinden. Am Abend nach der Bekehrung des Mannes kam die junge Frau unter die Verkündigung des Wortes Gottes und bekehrte sich. Nun erschienen beide als völlig versöhnt vor dem Amtsrichter und konnten ihm sagen, daß aller Unfrieden aus ihrem Leben weggenommen war. Jesus war Herrscher geworden.

Welch herrliches Zeugnis von der Macht der Gnade wurde in diesem Christenhaus vor den Augen der Welt aufgerichtet! Denn in dem kleinen Städtchen wußte alle Welt von dem Ehescheidungsprozeß und von der nun geschehenen Versöhnung.

Wir finden in der Schrift wunderbar vorbildliche Darstellungen von wahren Christenhäusern. So lesen wir zum Beispiel: ,,Und Mose streckte seine Hand aus gen Himmel: da entstand eine dichte Finsternis im ganzen Lande Ägypten drei Tage lang. Sie sahen einer den anderen nicht, und keiner stand auf von seinem Platze drei Tage lang; *aber alle*

Kinder Israel hatten Licht in ihren Wohnungen" 2. Mose 10, 22-23. Wie schön ist dies Vorbild; die Kinder der Welt sind blind für die Gegenwart und Liebe des Herrn und für den Ernst der Ewigkeit, sie erkennen sich gegenseitig nicht, daß sie auf dem breiten Weg sind, der zum Verderben führt; sie wissen nichts von der Zuflucht, die der ringende Mensch zum Herzen des allmächtigen Gottes finden darf. *Aber in den Häusern der Kinder Gottes ist es hell* — das Licht der Hoffnung strahlt; der Herr ist bei ihnen und wohnt in ihnen, Er, der gesagt hat: „Ich bin das Licht der Welt; wer mir nachfolgt, wird nicht in der Finsternis wandeln, sondern wird das Licht des Lebens haben" Johannes 8, 12.

Wiederum in der Passahnacht, welch ein Vorbild! Die Häuser des Volkes Gottes waren *geschützt vor Fluch und Gericht durch das Blut des Lammes.* Das geschlachtete Lamm, das Vorbild von Christo, bildete den Mittelpunkt im Hause und die Speise, von der sich alle ernährten. Alle Hausgenossen waren *völlig getrennt von der Welt*, von den Ägyptern, in deren Lande sie wohnten. Alle waren im Reisekleid, alt und jung, Eltern und Kinder, Herr und Knecht, wissend, daß sie bald aufbrechen sollten, um nach dem Land der Verheißung zu ziehen. Diese Charakterzüge des christlichen Hauses sollten bei allen denen gefunden werden, die Jesu angehören. Gläubige dürfen gewiß sein, welche Stürme, Erschütterungen und Gefahren sie auch umgeben, *es kann niemals ein Fluch in ihre Häuser kommen*, solange Jesus darin herrscht. Es werden Trübsale, Prüfungen, Züchtigungen kommen, aber nie ein Fluch, denn Gottes Volk ist *dazu berufen, daß es den Segen ererbe* (1. Petrus 3, 9). Das Leben in den Häusern der Kinder Gottes beweist, ob sie tatsächlich Pilger und Fremdlinge sind, die von dannen eilen; hierin liegt wesentlich die Kraft ihres Zeugnisses.

Die uns umgebende Welt soll erkennen, daß echtes Christentum nicht eine Religionslehre ist, sondern *ein neues aus Gott geborenes Leben;* wahre Kinder Gottes wandeln wirklich unter dem Hirtenstab des Herrn und haben *in allen Dingen* Zuflucht zu Ihm, dem allmächtigen, gegenwärtigen Freund.

Vor kurzer Zeit ereignete sich folgendes: Eine nahe Verwandte trat in das Haus eines alten, gläubigen Ehepaares. Sie war bestürzt, denn sie hatte eine Handtasche mit 150 Mark auf einer Bank in den öffentlichen Anlagen liegen lassen. Vergebens war sie dorthin zurückgekehrt; die Tasche war fort. Sie war unvermögend, stand dicht vor ihrer Verheiratung und brauchte das Geld dringend zu nötigen Einkäufen — welch schmerzlicher Verlust! Wiewohl sie keine Hoffnung hatte, die Tasche und das Geld wieder zu erlangen, so wollte diese Braut doch die Kosten aufwenden, um in mehreren Zeitungen die Anzeige ihres Verlustes mit hohem Finderlohn zu veröffentlichen. Jedoch der Vater dieses Christenhauses sagte ihr, daß es noch einen anderen Weg gäbe, nämlich *den Herrn darum zu bitten, daß Er ihr die Tasche mit dem Gelde zurückschaffen möge.* Man kniete nieder, der Hausvater und die Seinigen baten kindlich den Herrn um diese besondere Hilfe. Ja, es lag ihnen daran, daß diese Braut überführt werde von der Wirklichkeit der Gegenwart des Herrn. Man erstattete Verlustanzeige bei der Polizei. Nach wenigen Tagen wurde die Tasche mitsamt dem Gelde gebracht. Ein stellenloser, junger jüdischer Kaufmann hatte sie gefunden und bei der Polizei abgeliefert. Durch dies Ereignis wurde jene Braut davon überführt, daß Gott dem Gebet des Glaubens antwortet.

So sollen die Häuser der Gläubigen die Strahlen des Lichtes und der Liebe Gottes in die Herzen aller derer leuchten lassen, welche die Schwelle eines Christenhauses überschreiten. Letzteres ist, wenn man so sagen darf, eine *Provinz des Reiches Jesu Christi;* draußen herrscht der Fürst dieser Welt, drinnen herrscht der Herr.

Es ist überaus wichtig zu verstehen, daß *in allen Fragen und gegenüber allen Anforderungen der Welt* in einem wahren Christenhaus *Jesus der alleinige Gebieter ist;* dies bezieht sich ebensowohl auf Vergnügungen und Gesellschaften, zu denen man aufgefordert wird, als auf die Erziehung der Kinder, als auf die Behandlung der Armen und Hilfsbedürftigen, welche an die Tür kommen. Wo an der Tür die Inschrift steht: „Betteln verboten", um durch diese Inschrift jeden Bettelnden abzuweisen, wird das Licht der Liebe Gottes schwerlich leuchten. Wo Zank und Streit ist in der Familie, wo man die Stimme des Zornes und der Bitterkeit vernimmt, wird das Zeugnis eines Christenhauses seiner Wirkung beraubt.

Alle Kinder Gottes sind als Heilige und Geliebte zusammengefügt, als Glieder an Christo, dem Haupt, für ewig eins.

Nie soll ein Tag im Christenhaus beschlossen werden, an welchem nicht jede Verstimmung, jeder Unfriede vor Gott völlig beseitigt ist. Zwischen Ehegatten, Eltern und Kindern, Herrschaft und Dienstboten soll völlige Vergebung stattfinden, „so jemand Klage hat wider den anderen". Wo diese Charakterzüge des Christenhauses fehlen, ist das übrige kraftlos, wenn auch die schönsten Hausandachten abgehalten werden. — *Die Liebe ist das Band der Vollkommenheit.* Wie kostbar ist es, wenn ein Haus wirklich auf den Herrn gegründet, vom Herrn erbaut, bewahrt und versorgt ist. Da erfahren viele Kinder Gottes, was im 128. Psalm verheißen ist. Sie dürfen, aller Sorgen ledig, täglich die Gnade Gottes rühmen, welcher verheißen hat: „Und bis in euer Greisenalter bin ich derselbe, und bis zu eurem grauen Haare werde ich euch tragen; ich habe es getan, und ich werde heben, und ich werde tragen und erretten" Jesaja 46, 4.

Die Welt, in deren Mitte ein Christenhaus leuchten soll, sieht zunächst nicht das Innere, das Geistliche, sondern *das Äußere, das Irdische* — nach dem, was sie da sieht, beurteilt sie den Wert oder Unwert des Zeugnisses.

Die Erde und die irdischen Dinge bilden den Kampfplatz, auf welchem der Glaube bewährt und der Herr verherrlicht werden soll. Wie verkehrt ist es da, wenn Gläubige die Dinge des praktischen Lebens für unwesentlich ansehen. Die Welt erwartet mit Recht, daß ein wahrer Christ in seinem irdischen Beruf mehr leistet und treuer erfunden werde als ein Mann der Welt. Dazu gehört vor allem ein völlig treues, pünktliches Erfüllen jeder Zusage, vor allem *in Geschäfts- und Geldangelegenheiten.* Die Welt hat eine wunderbare Ehrerbietung vor solchen, welche ihr Wort unbedingt und pünktlich einlösen. Niemals sollte einem Christenhaus nachgesagt werden, daß man dort in irgendeiner Sache nicht Wort halte, daß man in der Bezahlung der Miete, der Zinsen einer Schuld oder der Rechnungen unpünktlich sei.

Das Wort Gottes gebietet: „Seid niemandem irgend etwas schuldig, als nur einander zu lieben" Römer 13, 8.

Deshalb sind Schulden für Gläubige eine überaus ernste Sache und daraus folgt, daß in einem Christenhaus peinliche Ordnung in allen Geldangelegenheiten gehalten werden soll. Gläubige dürfen nicht eine Wohnung mieten, welche zu teuer ist, sie dürfen nicht in ihrer Lebensführung, Kleidung und

Wohnungseinrichtung die Grenzen überschreiten, welche der Herr ihnen durch ihre Einnahmen zog — handeln sie anders, so wird der Herr verunehrt. Wenn aber Tage der Not kommen — und sie kommen nach Gottes Regierung und Erziehung —, so sollen Kinder Gottes nicht bei der Welt die Hilfe suchen, sondern zuerst bei dem Herrn und alsdann bei ihren Brüdern und Schwestern.

In einem Christenhaus soll der Herr verherrlicht werden durch *Ordnung, Reinlichkeit und Pünktlichkeit.* In einem Haus, in welchem Jesus herrscht und alles für Ihn geschieht, sollten weder Spinneweben noch Staub und Schmutz, noch unordentlich gemachte Betten das Urteil der Weltkinder herausfordern. Auch die Speisen sollten durch die Sorgfalt der Bereitung zur Ehre des Herrn sein. Angebrannte Suppen und ungare Kartoffeln verherrlichen den Herrn nicht. Wie schön ist's, wenn man in die Wohnungen einfacher Geschwister eintritt, wo viel Arbeit auf der Hausfrau liegt, wo der Mann vom Tagesanbruch bis zum Abend auf Arbeit ist, wenn dann alles peinlich sauber und ordentlich ist — es ist zur Ehre des Herrn, und der Herr wird alles, auch das Kleinste anerkennen, was aus Liebe zu Ihm getan wurde.

Die Welt hat acht darauf und macht sofort ihre Bemerkungen, wenn die Kinder von Gläubigen in der Schule zu spät kommen, oder mit schmutzigen Händen, unordentlichem Haare oder zerrissenen Schuhen erscheinen. So ist es auch mit dem Anzug der Erwachsenen. Wir können und brauchen nicht in neuen, modischen Kleidern zu gehen, aber wir können und sollen in unserer äußeren Erscheinung tadellos an Sauberkeit und Ordnung sein. Ist nicht unser Leib, den wir waschen und kleiden, ein Tempel des Heiligen Geistes?

Was *den Dienst im Beruf, in der Arbeit* anbetrifft, so steht auf diesem Gebiet *der Mann* vor den Augen der Welt, und nach seiner Treue, seinem Fleiß, seiner Pünktlichkeit und Gewissenhaftigkeit beurteilt die Welt das Christentum. Was die Welt aber *in den Häusern* der Gläubigen sieht, liegt zum größeren Teil auf der Verantwortung *der Frau.* Für diese hat das Wort Gottes ein Vorbild gezeichnet (lies Sprüche 31, 10-31), welchem eine treue Christin mit Gebet nachtrachten soll in dem Maße, als ihre Verhältnisse und Fähigkeiten es ihr gestatten.

Die Autorität der Eltern

Die Geschichte Elis und seiner Söhne steht im Wort Gottes als ein warnendes Denkmal für alle Väter (lies 1. Samuel 2, 12-17.22-25.27-34; 1. Samuel 3, 10-14; 1. Samuel 4, 1-22). Gott gab den Eltern eine gewaltige Autorität ihren Kindern gegenüber; diese muß gewahrt werden. Möge jeder Vater sich scheuen, aus falscher Gutherzigkeit die Sprache Elis zu sprechen. Ganz besonders ist dies von Bedeutung *für Gläubige*. Ihnen gilt das Wort: *„Denn die mich ehren, werde ich ehren, und die mich verachten, werden gering geachtet werden."* Dies Wort wendet Gott direkt an auf die Erziehung der Kinder in Zucht und Gottesfurcht. Es handelt sich *um die väterliche Autorität gegenüber erwachsenen und verheirateten Söhnen*.

Wir sehen hier, daß die Verantwortung der Väter für den Wandel ihrer Kinder *nicht aufhört*, wenn diese volljährig und selbständig sind. Wohl zieht das bürgerliche Gesetz eine Altersgrenze, welche die erwachsenen Kinder für unabhängig erklärt in Heiratsentschlüssen und Vermögensangelegenheiten. Es war ein großer Schaden für das deutsche Volk, als diese Altersgrenze vom 25. auf das 21. Lebensjahr herabgesetzt wurde, in welchem weitaus die meisten Menschen noch unreif und unerfahren sind (Und wo ist diese „gesetzliche" Altersgrenze jetzt in den 80er-Jahren?!).

Das Wort Gottes spricht eine andere Sprache! Niemals kommt eine Stunde, in welcher vor dem Auge Gottes die Verantwortlichkeit der Väter für den Wandel ihrer Kinder aufhört. Dabei ist es erschütternd ernst, daß *Samuel*, der den Untergang des Hauses Eli erlebt hatte, *seine eigenen Söhne nicht so zu erziehen vermochte, daß sie in den Wegen Gottes wandelten.* Ob und inwieweit Samuel dabei eine Verschuldung hatte, wissen wir nicht (siehe 1. Samuel 8, 1-5). Dies sollte alle gläubigen Väter in den Staub beugen mit dem heißen Flehen, daß ihre Söhne wandeln möchten zu des Herrn Ehre.

Wenn gläubige Eltern erwachsene Kinder haben, die auf

Wegen der Sünde wandeln, so bringen letztere oftmals tiefe Schmerzen und große Schwierigkeiten. *Außerhalb des Hauses* hat ein Vater keine Macht, seinem zügellosen Sohn entgegenzutreten — da hat er nur die gewaltige Macht des Glaubensgebetes, welches schließlich den widerstrebenden Sohn überwindet. Dies erlebte der gesegnete Spener an seinem Sohne, der das Herz seines alten Vaters lange Jahre hindurch mit tiefem Weh beschwert hatte.

Aber innerhalb der Mauern eines gläubigen Elternhauses darf niemals Raum sein für die sündige Anmaßung ungläubiger Söhne oder Töchter. Da muß unbedingt das Zeugnis für die göttliche Wahrheit aufrechterhalten werden. Ob solche Söhne sich an der Hausandacht beteiligen wollen, muß ihnen überlassen bleiben; es wäre gewiß nicht gut, sie dazu zu zwingen. Aber niemals dürfen sie für ihre von Gottes Wort gelösten Anschauungen in der Familienunterhaltung oder am Tisch der Eltern Raum finden oder Berechtigung beanspruchen. Was Sünde ist, muß als Sünde verurteilt bleiben in einem Haus, welches dem Herrn gehört, und jeder sündigen Anmaßung soll ein gläubiger Vater mit heiligem Ernst entgegentreten.

Zu den Reichsgrundsätzen göttlicher Regierung gehört es, daß die Eltern für ihre Kinder als *die höchste irdische Autorität* hingestellt sind, als die Personen, welche von den Kindern geehrt werden sollen. Hier handelt es sich nicht um die Scheinehre unterwürfiger Worte, sondern um die wahre Ehre der Liebe, des Gehorsams, um wirkliche Herzensunterwürfigkeit. Gott hat gesagt, daß Er diese demütige Kindesstellung anerkennen wolle *mit irdischer Segnung und Wohlergehen:* „Ehre deinen Vater und deine Mutter, auf daß deine Tage verlängert werden in dem Lande, das der Herr, dein Gott, dir gibt" 2. Mose 20, 12. Und wiederum: „Ihr Kinder, gehorchet euren Eltern im Herrn, denn das ist recht. Ehre deinen Vater und deine Mutter, welches das erste Gebot mit Verheißung ist, auf daß es dir wohlgehe und du lange lebest auf der Erde" Epheser 6, 1-3. Niemand denke, daß dies leere Worte sind. Nein, dies wird wirklich geerntet und erlebt *in Gesundheit, Wohlstand, Gelingen im Beruf, häuslichem Frieden, Gedeihen der eigenen Kinder.* Das Leben ist voll von der Erfahrung der Wirklichkeit dieser Segnungen bei solchen, welche ihre Eltern geehrt haben.

Der Herr, welcher in Seinem Erdenleben in allem das Vorbild der Vollkommenheit ist, war nicht nur in den Tagen Seiner Knabenzeit Seinen Eltern untertan, sondern noch auf dem Kreuze ehrte Er Seine Mutter durch Seine liebende, kindliche Fürsorge. Jeder sollte mit ganzer Liebe die Tage auskaufen, in denen er die Eltern noch besitzt. Man kann jedem Menschen sagen: *Aus deinem Betragen gegen die Eltern will ich dir im voraus sagen, wie es dir im Leben ergehen wird.*

Kinder, welche sich der warnenden Stimme von Vater und Mutter nicht beugen, *sind in den Augen Gottes in einem viel höheren Maße dem Urteil verfallen, als wir gewöhnlich denken.* Die Empörung gegen menschliche Obrigkeit ist sicher eine schwere Verschuldung, welche Strafe nach sich zieht, denn die Obrigkeit trägt das Schwert nicht umsonst, sie ist Gottes Dienerin. ,,Wer sich daher der Obrigkeit widersetzt, widersteht der Anordnung Gottes; die aber widerstehen, werden ein Urteil über sich empfangen'' Römer 13, 1-4. *Wieviel ernster ist es, sich der höchsten irdischen Autorität zu widersetzen, welche der Allmächtige mit göttlicher Ehre umkleidet hat!*

Es steht geschrieben: ,,Wenn ein Mann einen unbändigen und widerspenstigen Sohn hat, der der Stimme seines Vaters und der Stimme seiner Mutter nicht gehorcht, und sie züchtigen ihn, aber er gehorcht ihnen nicht: so sollen sein Vater und seine Mutter ihn ergreifen und ihn zu den Ältesten seiner Stadt und zum Tore seines Ortes hinausführen und sollen zu den Ältesten seiner Stadt sprechen: Dieser unser Sohn ist unbändig und widerspenstig, er gehorcht unserer Stimme nicht, er ist ein Schlemmer und Säufer! Und alle Leute seiner Stadt sollen ihn steinigen, daß er sterbe; und du sollst das Böse aus deiner Mitte hinwegschaffen. Und ganz Israel soll es hören und sich fürchten'' 5. Mose 21, 18-21. Und wiederum: ,,Verflucht sei, wer seinen Vater oder seine Mutter verachtet''! 5. Mose 27, 16.

Dies sind Gesetze, die der Herr in Seinem Volke aufrichtete. Aber nun kommt ja hinzu, daß es niemand auf Erden gibt, dem ein erwachsener Mensch so tief für empfangene Liebe und Wohltat verschuldet wäre als seinen Eltern. Gedenke der Liebestreue deiner Mutter! Gedenke ihrer Nachtwachen, ihrer Tränen und Gebete! Gedenke der treuen Fürsorge deines Vaters! Diese Schuld wird *niemals* abgetragen!

„Ihr Kinder, gehorchet euren Eltern *im Herrn!"* Wenn schon im Alten Bunde ein Mensch, der Vater und Mutter verachtete, *der Steinigung verfallen war* — was wird es sein vor dem göttlichen Richterstuhl um einen Sohn, welcher aufgezogen war in der Zucht und Vermahnung zum Herrn und der dann doch, weil sein Hochmut und sein Starrsinn sich nicht beugen will, sich der Vermahnung und Warnung seiner Eltern widersetzt? Sicherlich kommen die Tränen, die Vater und Mutter um ihn geweint haben, auf seinen Kopf und auf seinen Weg zurück. Selbst die Fürbitte von Vater und Mutter kann dies nicht abwenden.

Es ist beschämend, daß oftmals bei den Heiden mehr Ehrfurcht und Ehrerbietung vor den Eltern gefunden wird, als bei uns. Zum Beispiel wird in China ein Sohn, welcher sich dem Willen seines Vaters widersetzt, ohne Widerrede durch den Richter zum Tode verurteilt, weil er dies heilige Gesetz gebrochen hat, seine Eltern zu ehren. In China ist es Volkssitte, daß am Neujahrstag jeder Mann und jeder Junge im ganzen Land seine Mutter besucht, um ihr ein Geschenk zu bringen. Er dankt ihr für alles, was sie an ihm getan, und bittet sie, ihm auch für das neue Jahr ihr Wohlwollen zu bewahren. Ist das nicht schön?

Wo Gott einen Menschen als Führer, Berater und Wächter zum Segen für die Seinigen hingestellt hat, fordert Er, daß er geehrt werde und vor geringschätzendem Urteil bewahrt sei. *Gott nimmt Kenntnis von jedem Wort, welches Söhne und Töchter wider ihre Eltern reden und besonders dann, wenn es sich um gläubige Eltern handelt.* Wie schrecklich, wenn ein gläubiger Sohn mit überhebenden Worten sich wider die Ehrfurcht versündigt, die er Vater und Mutter schuldet!

Alle Kinder Gottes, junge und alte, welche noch das Vorrecht besitzen, Vater oder Mutter auf Erden zu haben, mögen ihre Herzen und ihre Lippen bewahren, *nie* die Liebe, die Ehrfurcht und den Dank zu vergessen, sich *nie* mit überhebenden Gedanken oder verurteilenden Worten an Vater oder Mutter zu versündigen. Dies letztere ist es, was das Wort Gottes meint: „Wer seinem Vater oder seiner Mutter flucht, soll gewißlich getötet werden" 2. Mose 21, 17. Davon redet auch das Wort: „*Ein Auge, das den Vater verspottet und den Gehorsam gegen die Mutter verachtet, das werden die Raben des Baches aushacken und die Jungen des Adlers fres-*

sen" Sprüche 30, 17. Ein solcher Sohn wird schmerzliche Erfahrungen davon machen, was diese Worte bedeuten. Vielleicht nach vielen Jahren erlebt er an seinen eigenen Kindern, wer die Raben des Baches und die Jungen des Adlers sind. „Denn was irgend ein Mensch sät, das wird er auch ernten" Galater 6, 7.

Moody erzählt: Ich hörte einst von einem armen Mann, der seinen Sohn zur Ausbildung in die Stadt geschickt hatte. Eines Tages bringt der Mann Holz in die Stadt, vielleicht, um seines Sohnes Rechnung zu bezahlen. Da kommt sein Sohn modisch gekleidet mit einigen Freunden die Straße entlang. Der Vater sieht ihn, und in seiner Herzensfreude läßt er das Holz stehen, läuft aufs Trottoir, um seinen Sohn zu begrüßen. Doch der Sohn schämt sich seines armen Vaters, der in seinen Arbeitskleidern vor ihm steht. Er wendet sich kurz mit den Worten ab: „Ich weiß nicht, wer Sie sind!" Kann aus einem solchen Burschen je ein braver Mann werden? Sicherlich nicht!

Ich hatte in meiner Sonntagschule in Chicago einst einen vielversprechenden Knaben. Sein Vater war ein ausgesprochener Trinker, und seine Mutter suchte durch Waschen das nötige Geld zu verdienen, um ihren Kindern eine anständige Erziehung geben zu können. Er war das älteste von den Kindern und ich dachte, er werde an seiner Familie gutmachen, was sein Vater versäumt hatte. Eines Tages aber mußte ich etwas über ihn hören, das ihn tief in meiner Achtung sinken ließ.

Der Junge besuchte die Realschule und war einer der gescheitesten Schüler. Einst stand er mit seiner Mutter vor der Tür ihres kleinen Häuschens — es war sehr ärmlich, denn die Mutter konnte neben der Nahrung und Kleidung nicht auch noch Geld für eine bessere Wohnung erschwingen. Als die beiden so vor der Haustür standen, kam ein Mitschüler die Straße entlang, und als der Sohn denselben erblickte, trat er abseits von der Mutter.

„Was war das für eine Frau, mit der ich dich gestern sah?" fragte des anderen Tages der Mitschüler.

„Meine Wäscherin!" lautete die Antwort.

„Armer Knabe!" dachte ich, als ich das hörte. „Aus dir wird nie etwas werden!"

Dies ereignete sich vor Jahren. Ich habe den Jungen seit

der Zeit im Auge behalten. Es ist immer mehr und mehr abwärts mit ihm gegangen; nun ist er ein elender, verkommener Mensch. Es konnte nicht anders sein. Ein Junge, der sich seiner Mutter schämt, die ihn liebt, die sich für ihn abarbeitet, kann es nie zu etwas Gutem bringen. Ich kann nicht sagen, wie groß die Enttäuschung war, die jener Junge für mich bedeutete.

Doch nun möchte ich ein schöneres Bild vorführen. Vor einigen Jahren hörte ich von einer armen Frau, die ihren Sohn in das Gymnasium zur Ausbildung geschickt hatte. Als die Versetzung in eine höhere Klasse erfolgen sollte, schrieb er an seine Mutter, sie möge doch kommen und dieser Feier beiwohnen. Die Mutter aber schrieb ihm zurück, sie könne nicht kommen, ihre Kleider seien zu ärmlich, ihr Rock sei schon zweimal gewendet und er würde sich seiner armen Mutter nur zu schämen haben. Doch der Junge ließ nicht nach, die Mutter müsse kommen, an ihren ärmlichen Kleidern liege ihm durchaus nichts. Er bat so dringend, daß sie wirklich nachgab. An der Eisenbahnstation holte er sie ab und brachte sie in eine hübsche Wohnung. Der Tag der Versetzung kam. Zärtlich führte der Sohn die ärmlich gekleidete Frau den breiten Chorgang entlang und geleitete sie auf einen der besten Plätze. Wie war die gute Frau erstaunt, als ihr Sohn die Abschiedsrede für die ganze Klasse hielt, die alles im Sturm mit sich fortriß. Er erhielt den ersten Preis, und als ihm derselbe übergeben wurde, trat er vor der ganzen Versammlung vor seine Mutter hin, küßte dieselbe und sprach:

„Nimm den Preis, Mutter, er gebührt dir. Wenn du mir nicht geholfen hättest, wäre er mir niemals zuteil geworden.''

Gott sei gelobt, daß es noch solche Jungen gibt. — Soweit Moodys Erzählung.

Es ist wichtig für Gläubige zu beachten, daß keine Bemühung für die Sache Gottes, kein Opfer an Geld oder Arbeit, kein Reden und Zeugen in Versammlungen etwas von dem ersetzen kann, was an Ehrfurcht und Liebe gegenüber Vater und Mutter versäumt wurde. Die Pharisäer und Schriftgelehrten versuchten solchen trügerischen Umtausch der Werte, aber der Herr ließ das nicht zu (siehe Matthäus 15, 3-9). Diese Wahrheit bleibt bestehen ohne Rücksicht darauf, ob die Eltern bekehrt oder unbekehrt sind: *Vater und Mutter ha-*

ben ein *unverlierbares Anrecht auf die Verehrung, Liebe, Fürsorge und Pflege ihrer Kinder,* und diese Kindespflicht ist wichtiger als alle Bemühungen und Opfer für die Sache Gottes. Die Dankespflicht der Kinder gegen ihre Eltern ist eine so heilige und überwältigend große, daß das, was da versäumt und mißachtet wird, *auf keinem anderen Gebiete* ersetzt werden kann.

Die Auflehnung gegen die Eltern gehört zu den Zeichen des großen Verderbens der letzten Tage (siehe 2. Timotheus 3, 1-2). Dieser Geist der Zeit, welcher die gottgegebene Autorität antastet in der Meinung, daß das herangewachsene Geschlecht klüger sei und sich nicht zu beugen brauche, *dringt auch in die Gemeinde Gottes ein.* Wer aber das Wort Gottes zur Richtschnur seines Weges nimmt, der weiß, daß es keine Umstände, Zeitverhältnisse, keine Bildungshöhe, keinen Erfolg im Beruf gibt, durch welche die Stellung der Abhängigkeit und der Ehrfurcht, in welcher die Kinder zu den Eltern stehen, abgeschwächt würde.

Der Hochmut, welcher die eigene Meinung, Weisheit oder Erkenntnis über die Weisheit des Wortes Gottes und über die Erfahrung und Liebe der Eltern stellt, ist vor Gott *etwas Widerwärtiges;* Gott aber widersteht dem Hochmütigen (lies Jesaja 2, 11-17). Wie ernst, wenn Kinder sich nicht der gottgegebenen Autorität von Vater und Mutter beugen! Dieser Mangel kann nicht ausgeglichen werden durch Liebesbeteuerungen, Tränen oder Geschenke. „Gehorsam ist besser als Opfer!"

Wer könnte besser verkehrte, unheilvolle Entschlüsse erkennen, wer könnte liebevoller warnen als Vater und Mutter! Wenn aber ein Sohn vor dieser Liebe seinen Eigenwillen nicht beugt, so wird er erleben, was geschrieben steht: „Ein Mann, der oft zurechtgewiesen, den Nacken verhärtet, wird plötzlich zerschmettert werden ohne Heilung" Sprüche 29, 1.

Die Worte „*Starrsinn*" und „*Widerspenstigkeit*" bilden in der Schrift die eigentliche Grundanklage, welche der ewige Gott wider Sein Volk erhebt (Jesaja 63, 9-10; Jesaja 65, 2; 5. Mose 9, 24; Nehemia 9, 16-17; Klagelieder 1, 18). *Wie bedeutungsvoll wird es da für gläubige Kinder, sich den Ratschlägen und Weisungen ihrer Eltern in Demut zu unterwerfen!* Aber auch wie entscheidend wichtig für die Eltern, jenen Charakterzügen, wo sie sich in den Kindern zeigen, frühe entgegenzutreten, damit der *Eigenwille gebrochen* werde.

Einst lag ein Greis auf seinem letzten Lager; er sprach über sein vergangenes Leben und sagte: ,,Ich habe *einen* Sohn gehabt — mein Leben wäre glücklicher gewesen, wenn ich *keinen* Sohn gehabt hätte!'' Wie schmerzlich! Dieser Sohn war zuerst Offizier gewesen, hatte den Eltern durch Leichtsinn schwere Sorgen gemacht, hatte dann gegen den Willen der Eltern sich verheiratet und war seitdem mit Vater und Mutter zerfallen. Er war nachher Generalagent und Bankier in Berlin; er war reich geworden und schien auf dem Weg zu sein, um Millionär zu werden. Aber plötzlich verarmt, erkrankte er an Gehirnerweichung. Nach langen Leiden starb er und ließ Frau und Kinder in schwierigen Verhältnissen zurück. Sieh da ein Mensch, der nicht gesegnet werden konnte, weil er Vater und Mutter nicht geehrt hatte.

Wie schön war dagegen das Lob, welches ein alter General, der Vater von sechs Söhnen, seinem Ältesten aussprach. Dieser war gestorben als hoffnungsreicher junger Offizier. Als ein Jugendfreund den alten Vater besuchte, um ihm seine Teilnahme zu bezeugen, führte dieser ihn an den offenen Sarg und sagte auf den toten Sohn zeigend: ,,*Dies ist der erste Schmerz, den er mir gemacht hat!*''

Wann sollen die Kinder den Herrn kennenlernen?

Timotheus war *von Kindheit auf* im Wort Gottes unterwiesen worden durch seine Mutter und seine Großmutter (2. Timotheus 1, 5). So hatte er einen Schatz mit in das Leben hinausgenommen, der ihn weise machte. In einem Christenhaus sollten die Kinder von klein auf im Wort Gottes unterwiesen werden. Hat nicht der Herr gesagt: ,,*Lasset die Kindlein* zu mir kommen, denn ihrer ist das Reich Gottes!''?

Man kann natürlich nicht von einem bestimmten Alter reden als passende Zeit für die Bekehrung; der Herr wirkt ganz verschieden; für jedes Kind gibt es andere Führungen und Umstände, durch welche der Herr es zu sich ziehen will. Wir wissen von manchen Gläubigen, daß sie im zarten Kindesalter sich bekehrten und als Jesu errettetes Eigentum durch ein langes Leben gegangen sind (vergl. Sprüche 8, 17). Es gibt andererseits viele Fälle, in welchen das Kind von den Eltern für bekehrt gehalten oder dafür ausgegeben wird, ohne es in Wahrheit zu sein. Dann geht es später rückwärts. *Diesen Fall erlebt man aber ebenso oft, sogar noch öfter, bei Erwachsenen!* Diese Tatsache sollte niemals die Eltern davon abhalten, daß schon die kleinen Kinder unter die Verkündigung des Wortes kommen und an den Lobliedern ihres Vaterhauses teilnehmen.

Nicht alle Väter und Mütter haben Gabe und Zeit, um selbst ihre Kinder in das Wort Gottes einzuführen. Diese sollten Sorge tragen, ihre Kinder an solche Sonntagschulen anzuschließen, *in denen die Kinder durch wahre Zeugen Jesu zum Heiland hingeführt werden.* So viel Weisheit aber darf jeder Vater und jede Mutter glaubend vom Herrn erbitten (Jakobus 1, 5), daß sie ihre Kinder *aus Gottes Wort ermahnen* können.

Frühe sollten die Kinder lernen, in jeder Schwierigkeit die Hilfe beim Herrn zu suchen. Wann irgend in ein Christenhaus Not, Trübsal, Gefahr und Schwierigkeit kommen, sollten Eltern und Kinder gemeinsam auf den Knien des

Herrn Hilfe anrufen und dann auch gemeinsam für die erfahrene Hilfe danken.

Es ist für alle gläubigen Eltern wichtig zu verstehen, daß auch junge Kinder dazu begnadigt werden können, sich mit Herzensentschluß dem Herrn zum Eigentum zu übergeben. Ein gläubiger Vater erzählte von seinem Sohn: „Einmal machte die Mutter mit den Kindern einen Spaziergang. Erst hatte die Sonne schön und hell geschienen. Plötzlich zogen dunkle Wolken herauf, die den Himmel verhüllten und mit Regen drohten. Ja, es fielen schon einige Tropfen. Da ließ der noch nicht dreijährige Knabe die Hand der Mutter los, faltete die Hände und betete: ‚Herr Jesus, nicht regnen! Amen.' Dann ging er vergnügt weiter. Und richtig, der drohende Regen verzog sich, und es fiel kein Tropfen, bis die kleine Gesellschaft wieder zu Hause war.

Als Werner 4 1/2 Jahre alt war, sagte er eines Morgens früh zu den Eltern: ‚Daran wird jedermann erkennen, daß ihr meine Jünger seid, so ihr Liebe untereinander habt — was ist das eigentlich: ein Jünger?' Der Vater erklärte ihm: ‚Ein Jünger, das ist ein Mensch, der dem Heiland nachfolgt und Seinen Willen tut.' Nach einer Weile des Überlegens sagte der Kleine wieder: ‚Dann ist der Teufel kein Jünger; aber alle Menschen sind Jünger, nicht wahr?' ‚Ach nein', wurde ihm geantwortet, ‚nicht alle Menschen sind Jünger. Es gibt auch solche, die wollen dem Herrn Jesus nicht nachfolgen, die wollen Seinen Willen nicht tun.' Da erklärte er: ‚Aber wenn ich groß bin, dann werde ich auch ein Jünger.' ‚Wenn du ein Jünger werden willst, dann brauchst du nicht zu warten, bis du groß bist', sagte der Vater. ‚Der Herr Jesus hat gesagt: Lasset die Kindlein zu mir kommen und wehret ihnen nicht, denn solcher ist das Reich Gottes.' ‚Ja', antwortete das Kind, ‚das möchte ich wohl; ich weiß aber nicht, wie ich's machen soll.'

Da ließ ihn der Vater zu sich kommen. Und als er zu ihm ins Bett geklettert war, da fragte er ihn, ob er wohl schon Böses getan habe. Ja, das wußte er ganz genau, daß er schon manches getan hatte, was dem Heiland nicht recht war. Und dann fragte der Vater weiter, ob er auch manches ungern tue, was die Eltern verlangten. Ja, da war auch etwas. Er mochte sein Emser Kränchen gar nicht trinken, das er seiner Erkältung wegen trinken mußte. ‚Wenn der Heiland nun haben will, daß du Emser Kränchen trinkst, was dann?' ,Dann will ich's auch gern tun.' So suchte ihm der Vater einen Begriff von Sünde und von Gehorsam beizubringen. Und dann beteten die Eltern mit ihm, und der Kleine betete auch und gab in aller Einfalt sein Herz und seinen Willen dem Herrn. Die Augen der Mutter standen voll Tränen. Sie dachte an ihr Flehen von einst: ,Laß ihn nicht lebend zur Welt kommen, wenn er sich nicht für Dich entscheidet.' Nun hatte der Herr ihr Gebet erhört und ihren Werner als Seinen Jünger angenommen. Ja, das hatte Er wirklich. Das konnte man in der Folgezeit ganz gut merken. Manche Leute denken und sprechen so, als ob es ganz unmöglich sei, daß sich Kinder schon dem Herrn hingeben könnten. O, das können auch Kinder tun. Das war in Werners Leben deutlich zu spüren. Von dieser Morgenstunde an wußte er sich auch mit völliger Bestimmtheit als ein Eigentum des Herrn.''

Es ist etwas Ergreifendes, wenn ein Kind von sechs oder zehn Jahren mit dem klaren Zeugnis seiner ewigen Errettung von seinen Eltern und Geschwistern Abschied nimmt, um zum Herrn zu gehen. Vor einigen Jahren geschah dies sogar mit einem lieben dreijährigen Jungen, daß er lobsingend zu seinem Herrn hinüberging. Dies war insofern nichts Außerordentliches, da die Eltern dieses Jungen dem Herrn völlig hingegebene Christen waren, die für ihre Kinder nur das Eine erflehten: ,,Herr, daß sie nur frühe Dein eigen werden!''
Aber es kommen auch solche Fälle vor bei Kindern von gottlosen Vätern. Man sollte meinen, die Eltern solcher Kinder müßten überwältigt werden von diesen Zeugnissen des Glaubens. Jedoch die Erfahrung lehrt, daß oftmals die Väter solcher Kinder nach kurzer Zeit auf die gewohnten Pfade ihres Welt- und Sündenlebens zurückkehren. Es bedarf auch in solchen herzbewegenden Fällen der besonderen Gnade Gottes, um das Herz unbekehrter Eltern in Buße zu zerbrechen.
Herr N. war ein hochbegabter Mann; vieles war ihm in seinem Leben gelungen, und mehr noch wäre ihm gelungen, wenn er nicht durch sein schlimmes Leben sich selbst und seine Familie des Segens beraubt hätte. Er war ein Ehebrecher, Flucher, Spötter, Trinker — und doch war dieser Mann

einst von der Gnade Gottes so erfaßt gewesen, daß er in die Wirtshäuser der Stadt gegangen war, um denselben Wirten und Gästen, vor denen er bis dahin als Wüstling eine Rolle gespielt hatte, zu bezeugen, daß Jesus wahrhaftig der Sohn Gottes, der Retter der Sünder, der Richter der Welten ist. Aber ach, diese herrlichen Zeugnisse hatte Herr N. selbst in den Staub getreten; er war bald zurückgesunken in um so tiefere Sünde. Damals betrachteten viele Gläubige diesen abtrünnigen Mann als einen hoffnungslos Verlorenen. Gott sei gepriesen, daß von Jesu geschrieben steht: „Du bist aufgefahren in die Höhe, Du hast die Gefangenschaft gefangen geführt; Du hast Gaben empfangen für die Menschen, und *selbst für Widerspenstige* (Abtrünnige), auf daß Gott der Herr daselbst eine Wohnung habe" Psalm 68, 19. Dies Wort wunderbarer Gnade wurde auch an N. auf den tiefen ernsten Wegen Gottes erfüllt. Auch in diesem Herzen sollte Jesus noch eine Wohnung haben, in welche Er einziehen konnte als der Fürst des Friedens.

Zunächst erlebte N., wie seine treue Frau unter dem Kummer zusammenbrach, den ihr ehebrecherischer, wüster Mann ihr unaufhörlich bereitete. Ihr Siechtum und Sterben zerschmolz aber das harte Herz des Mannes nicht. Auch sein jüngster, kleiner Sohn kannte seines Vaters böse Wege und die vielen Tränen, die um ihn geweint wurden. Dennoch liebte er seinen Vater. Dieser Sohn erkrankte; als er den Tod nahen fühlte, bat er seinen Vater, ihn auf den Schoß zu nehmen. Der sterbende Junge legte seinen Kopf an des rohen Vaters Brust und sagte: „Vater, ich gehe zum Herrn, o, kehre doch um von deinen bösen Wegen, sonst werde ich dich beim Heiland nicht wiedersehen, und das wäre so schrecklich!" Die sanften Worte fielen wie gewaltige Keulenschläge auf das verhärtete Gewissen. N. antwortete: „Sei ruhig, mein Sohn, sicherlich, du findest mich beim Herrn wieder."

Vielleicht wagten weder die Geschwister des Sterbenden noch der Vater selbst zu hoffen, daß das wirklich geschehen sollte. Aber Gottes anbetungswürdige Gnade brachte es zustande. Es war der Herr, welcher durch dies sterbende Kind Worte des ewigen Lebens zu dem armen, in Sünden gebundenen Vater redete. Das geliebte Kind entschlief, um hinaufzugehen in das Paradies Gottes, wo kein Leid und kein Geschrei mehr sein wird, wo Gott die letzte Träne abwischt, wo die Sünde nicht mehr das Glück der Menschen zerstört.

Zuerst schien es, als ob auch dieser Schlag nicht imstande gewesen wäre, den Vater zurückzuholen von den Wegen des Verderbens. Aber nicht lange hernach erkrankte er selbst an einem Lungenleiden, welches den starken Mann schnell dem Sterben entgegenführte. Da auf dem Krankenbett muß Gott wunderbar mit ihm geredet haben, denn noch ehe die letzte Kraft verzehrt war, ließ er die Gläubigen seines Ortes an sein Lager rufen. Er bekannte vor vielen Zeugen seine Sünden; dann kam von seinen Lippen ein Strom von Lob und Dank für die Gnade, die sich seiner erbarmt hatte. Es war ein helles Zeugnis von der völligen Vergebung, die er durch das Blut Jesu gefunden hatte. Mit solchem Zeugnis ging dieser schuldbeladene Sünder — o, anbetungswürdige Gnade! als ein versöhntes Kind Gottes in die Ewigkeit.

Erziehung

Die wichtigste Lebensaufgabe aller gläubigen Eltern ist, ihre Kinder für den Herrn zu erziehen. Ein Gläubiger, der bei seinem Scheiden seine Kinder *als Zeugen Jesu* zurückläßt, hat seiner ersten und größten Verantwortung durch Gottes Gnade genügt.

Von Abraham sagte Gott: „Denn ich weiß, er wird befehlen seinen Kindern und seinem Hause nach ihm, daß sie des Herrn Wege halten und tun, was recht und gut ist, auf daß der Herr auf Abraham kommen lasse, was er ihm verheißen hat" 1. Mose 18, 19.

Gott gebot Seinem Volk: „So fasset nun diese Worte zu Herzen und in eure Seele und bindet sie zum Zeichen auf eure Hand, daß sie ein Denkmal vor euren Augen seien. Und lehret sie eure Kinder, daß du davon redest, wenn du in deinem Hause sitzest oder auf dem Wege gehst, wenn du dich niederlegst und wenn du aufstehst; und schreibe sie an die Pfosten deines Hauses und an deine Tore. Daß du und deine Kinder lange leben in dem Lande, das der Herr deinen Vätern geschworen hat ihnen zu geben, solange die Tage vom Himmel auf Erden währen" 5. Mose 11, 18-21.

Die Erziehung der Kinder ist eine Aussaat, von welcher die Eltern ernten werden — Gutes oder Schlimmes, Freude oder Leid. Gewiß kann auch ein in Treue und ernster Zucht erzogenes Kind seinen Eltern tiefe Schmerzen bereiten — aber die Gnade Gottes bringt es zu Seiner Zeit an das Herz der Eltern zurück; es gibt in solchen Fällen eine späte Ernte, aber doch eine Ernte des Segens.

Die Aussaat beginnt schon im zartesten Alter der Kinder *durch das Gebet der Eltern*, ja, die Kinder der Gläubigen werden, wo es recht steht, schon von den täglichen Gebeten ihrer Eltern getragen, ehe sie geboren werden. Oftmals wird es so gehen, daß die Kinder, je mehr sie heranwachsen, um so mehr von Glaubensfürbitte umgeben werden, weil sie mehr und mehr den Versuchungen und Gefahren der Welt ausgesetzt sind. So wie die Mutter des Mose ihren geliebten Sohn mit einem aus Binsen geflochtenen *Korb umhüllte*, ehe sie ihn auf die Todesfluten des Nil dahingab, daß er bewahrt bliebe vor den lauernden Krokodilen, so haben gläubige Eltern Ursache, ihre heranwachsenden Kinder mit einem *Geflecht von Glaubensgebeten zu umhüllen*, damit ihre Seele bewahrt bleibe inmitten der argen Welt, die sie umgibt. Die Kinder atmen in der Schule, ja, überall, wohin sie gehen, die Luft der Welt. Der Geist der Welt, der Fürst der Gewalt der Luft (Epheser 2, 2), wirkt auf sie ein. Da ist es entscheidend wichtig, daß sie zu Hause Ewigkeitsluft atmen, daß sie von göttlichen Einflüssen berührt und erleuchtet werden, damit ihre Herzen für Gott und Gottes Wort sich frühe öffnen.

Es ist für die Kinder überaus wichtig, daß sie selbst frühe erkennen: ich bin von den Gebeten meiner Eltern umgeben und begleitet. Es sind nicht viele Eltern, welche aufrichtig für ihre Kinder flehen: *,,Herr, nur, daß sie Dein eigen seien um jeden Preis! Mache sie reich oder arm, gesund oder krank, nur, daß sie frühe Dir Herz und Leben geben!''* Sicherlich, Gott antwortet solchem Glaubensgebet, und der Glaubende wird erleben, was ihm verheißen ist: ,,Glaube an den Herrn Jesum, und du wirst errettet werden, du und dein Haus!'' Apostelgeschichte 16, 31.

Die Grundsätze christlicher Erziehung lauten: ,,Ihr Väter, reizet eure Kinder nicht zum Zorn, sondern ziehet sie auf in der Zucht und Ermahnung des Herrn'' Epheser 6, 4.

Wie wunderbar tief ist Gottes Wort! Es gibt mit diesen beiden Überschriften: *,,Zucht''* und *,,Ermahnung''* die wesentlichsten Mittel, die zwei Hauptbetätigungen in der Erziehung der Kinder an. Wie viele Eltern schon wollten in falscher Liebe — wie einst Eli — nur mit Ermahnungen alles ausrichten, sie versäumten die Zucht, und die Frucht war: *zuchtloses Wesen*, Verachtung der gottgegebenen Autorität. Andere Eltern wollen in unverständigem Eifer das Gute erzwingen. Da gibt es eigenmächtiges Gebieten und Verbieten, wie oft auch ein launisches, willkürliches Handeln aus gekränkter Eitelkeit oder beleidigten Stolzes. Wie oft wird vergessen, auch von gläubigen Eltern, daß Kinder *ein Recht zum Kindsein* haben. Manchmal werden dann kindische Verhaltensweisen wie Verbrechen behandelt, Übereilungen wie absichtliche Vergehen! Wie leicht wird da Liebe und Mut in den Kinderherzen ertötet! Darum steht geschrieben: ,,Ihr Väter, ärgert eure Kinder nicht!'' Kolosser 3, 21.

Das eigentliche Geheimnis, um recht zu ermahnen und recht zu züchtigen, ist die von Gott in die Herzen gläubiger Eltern *ausgegossene göttliche Liebe* (nicht die natürliche Liebe), welche in den Kindern die teuersten Kleinodien sieht, die *dem Herrn* gehören. Welche Verantwortung für Vater und Mutter, um da zu züchtigen, wo das Böse ungescheut hervortritt, und da zu ermahnen, wo das Gute gepflanzt werden soll. Das Ziel der Erziehung sollte immer dies sein, daß die Kinder zu der Liebe heranwachsen, welche in den Eltern ihre besten Freunde auf Erden erkennt, und von welcher geschrieben steht : ,,Furcht ist nicht in der Liebe, sondern die vollkommene Liebe treibt die Furcht aus, denn die Furcht hat Pein. Wer sich aber fürchtet, ist nicht vollendet in der Liebe'' 1. Johannes 4, 18.

Das wirksamste Erziehungsmittel ist *das Vorbild gläubiger, betender Eltern*, die persönlich im Wort Gottes und in der Zucht des Heiligen Geistes wandeln, welche in allen Schwierigkeiten ihre Zuflucht glaubend zu Gott nehmen. Wo die Eltern das *Wort Gottes als Richtschnur und Wegweisung* bei jeder Entscheidung den Ausschlag geben lassen, da lernen auch die Kinder sich vor dem Wort Gottes beugen als vor der wahrhaftigen höchsten Weisheit. Für die Kinder der Welt ist Gott entweder ein Phantasiegebilde oder eine außer Kraft gesetzte, ehrwürdige Idee; Gottes Wort übt keine Wirkung aus auf ihr Tun und Lassen. Aber die Kinder der Gläubigen sollen von Kindheit auf lernen, mit Gottes Gegenwart, Macht und Treue zu rechnen. Nur dann sind sie fähig, *Zeugen Jesu* zu werden, wenn sie den lebendigen Herrn Tag und Nacht bei sich wissen. Wie kostbar war Davids Unterweisung an seinem Sohn (siehe 1. Chronik 28, 9-10 und Vers 20); Gott hat die Worte dieses Vaters bestätigt.

Die Kinder von Gläubigen sollen frühe erfahren, wer der Herr ist, was Er an ihren Eltern, an ihrem Vaterhaus getan hat. Die größte Tat Gottes an jedem Gläubigen ist die erlebte Errettung, die Verwandlung aus einem schuldigen Sünder in ein geliebtes Kind Gottes. Aber außer dieser ewig gültigen, wunderbaren Begnadigung gibt es Erlebnisse und Erfahrungen, welche als Denkmäler der erlebten Hilfe, der erfahrenen Wunder in die Geschichte des Hauses eingeflochten sind.

Wie jene Steine, die Josua aus dem Jordan holen ließ, um sie als Denkmal aufzurichten, allen kommenden Geschlechtern kundtaten: „Auf trockenem Boden ist Israel durch diesen Jordan gezogen" (Josua 4, 19-24), so sollen gläubige Eltern ihren Kindern einprägen, was Gott an ihnen getan, die Wunderwege, die Er sie geführt, die Erhörungen, die sie erlebt haben.

Es steht geschrieben: „Die wir gehört haben und wissen und unsre Väter uns erzählt haben, daß wir's nicht verhalten sollten ihren Kindern, die hernach kommen, und verkündigten den Ruhm des Herrn und Seine Macht und Wunder, die Er getan hat. Er richtete ein Zeugnis auf in Jakob und gab ein Gesetz in Israel, das Er unsern Vätern gebot, zu lehren ihre Kinder, auf daß es die Nachkommen lernten und die Kinder, die noch sollten geboren werden; wenn sie aufkämen, daß sie es auch ihren Kindern verkündigten; daß sie setzten auf Gott ihre Hoffnung und nicht vergäßen der Taten Gottes und Seine Gebote hielten" Psalm 78, 3-7.

Es ist für alle Erzieher ein Gesetz göttlicher Weisheit: *„Aber wenn den Gottlosen Gnade widerfährt, so lernen sie nicht Gerechtigkeit*, sondern tun nur übel im richtigen Lande; denn sie sehen des Herrn Herrlichkeit nicht" Jesaja 26, 10. Ehe ein Kind sich nicht mit dem Bekenntnis seiner Sünde wirklich gebeugt hat, ist es allemal eine *ungöttliche Handlungsweise,* solchem Kind die Gnade und Verzeihung in den Schoß zu werfen. Auf diese Weise lernt es nie Gerechtigkeit. Es beugt sich nicht den göttlichen Anforderungen, es verurteilt nicht in seinem Herzen das Böse. Solange ein Kind ungebeugt es verweigert, seinen Eigensinn oder Ungehorsam anzuerkennen und Vergebung zu erbitten, so lange ist es *„gesetzlos"* oder *„gottlos".* Wie handelt Gott mit dem Menschen, den Er so unaussprechlich liebt, daß Er Seinen eingeborenen Sohn für den schuldigen Sünder opferte? In dem Augenblick, da der Sünder sich auf den Platz des Schuldigen stellt und die Gnade erfleht, ist die vollkommenste Gnade für ihn da. Jedoch, solange er sich selbst rechtfertigt und die Beugung verweigert, so lange bleibt er unter dem gerechten Zorn Gottes. Es ist überaus wichtig, Gottes heilige Gerechtigkeit darin zu verstehen, daß Gott der Herr barmherzig und gnädig ist, langsam zum Zorn und groß an Güte und Wahrheit, der Ungerechtigkeit, Übertretung und Sünde ver-

gibt, daß Er *aber keineswegs den Schuldigen für schuldlos hält* (siehe 2. Mose 34, 6-7).
In gottgewollter Weise zu strafen ist eine Aufgabe, welche viel Gebet erfordert. Es ist *Sünde* für Eltern, wenn sie *im Zorn* strafen, und wie oft geschieht dies, zum großen Schaden für Eltern und Kinder! Gott ist das Urbild des wahren Vaters, der mit unermüdlicher Liebe und Barmherzigkeit die verlorenen Söhne sucht, die irrenden Kinder zurechtweist. In schwierigen Erziehungsfragen frage man: *Wie handelte Gott mit mir?* Da findet man den Weg der Liebe, der Geduld, des Ernstes und der Zucht. Gläubige Eltern sollten nie strafen, ohne vorher zum Herrn gefleht zu haben, daß Er die Strafe segne, den Strafenden vor Zorn und Bitterkeit bewahre. *Betend zu strafen ist eine heilige Weisheit.* Aber auch da, wo es sich nicht um *Strafe* handelt, sondern nur um *Tadel*, bedürfen die Eltern Weisheit von Gott.

Es gibt für weise Eltern mannigfache Züchtigungsmittel, vom strafenden Blick bis zu harten Schlägen. Es gibt Dinge im Leben der Kinder, *die unbedingt Schläge erfordern, z. B. freche Worte des Widerspruchs gegen Vater und Mutter, Lüge, unkeusche Handlungen oder Worte.* Wer bei Dingen, die offenbar böse sind, seine Rute spart, der haßt seinen Sohn, das heißt, er erweist ihm nicht im göttlichen Sinne wahre Liebe (lies Sprüche 13, 24). *Dies Wort redet ernst zu denen, welche meinen, es sei besser, bei Erziehung von Kindern jede körperliche Züchtigung grundsätzlich auszuschließen.* Sicherlich wird da die traurige Frucht eines ungebrochenen Eigenwillens und eines hartgewordenen Gewissens geerntet werden. ,,Rute und Zucht geben Weisheit; aber ein sich selbst überlassener Knabe macht seiner Mutter Schande. Züchtige deinen Sohn, so wird er dir Ruhe verschaffen und Wonne gewähren deiner Seele" Sprüche 29, 15 und 17. Zu den Dingen, welchen scharf entgegengetreten werden muß, um die Herrschaft der Sünde zu brechen, gehört auch *der Jähzorn.*

Die göttliche Weisheit weist besonders in der Erziehung der Knaben darauf hin, daß sie der Züchtigung bedürfen, um frühe ihren Eigenwillen und ihre bösen Neigungen zu brechen (siehe Sprüche 22, 15 und Sprüche 23, 13-14). Von Gott ist uns gesagt: ,,Wen der Herr liebt, den züchtigt Er; Er geißelt aber jeden Sohn, den Er aufnimmt" (vergl. hierzu Sprüche 3, 11-12). Es gibt törichte Mütter, welche die Sünden ihrer Kinder dem Vater verbergen, um dem Liebling Strafe zu sparen; es gibt schwache, untreue Väter, welche es mit der Sünde ihrer Kinder nicht ernst nehmen — die Verantwortung für beide ist groß, und die Frucht, die daraus wächst, wenn solche Kinder groß geworden sind, schmeckt bitter. Mancher Betrüger, Dieb, Schwelger, Mörder, Ehebrecher wäre vor seinem bösen Weg bewahrt worden, wenn Vater und Mutter ihn gezüchtigt hätten zur rechten Zeit. Die Menschen des zwanzigsten Jahrhunderts machen ungemessene Ansprüche an den Lebensgenuß. Was jener hat, will auch dieser besitzen und genießen. Alle wollen sich kleiden wie reiche Leute, wohnen wie Fürsten, essen und trinken, wonach sie gelüstet. Wie wichtig ist es da, die Kinder *anspruchslos und einfach* zu erziehen, damit sie einfach und bescheiden in das Leben hinausgehen. Vor allem ist es nötig, daß die Kinder frühe zu *Fleiß und Pflichttreue* angehalten werden. Ein junger Mann, der nicht *arbeiten* kann und dem die Gewissenhaftigkeit fehlt, ist ein *unbrauchbarer Mensch.*

Wir leben in einer Zeit, in welcher das heranwachsende Geschlecht alle gottgegebenen Autoritäten ihrer Würde entkleiden will. Da ist es überaus wichtig, daß die Kinder dazu erzogen werden, *die Autoritäten anzuerkennen,* welche Gott über sie gesetzt hat. In einem Christenhaus sollten die Kinder nicht Freiheit haben, über ihre Lehrer zu schimpfen oder zu spotten, und noch viel weniger darf da die Obrigkeit und die Person des Herrschers unter eine mißachtende Kritik gebracht werden. Aber auch über die Kinder Gottes sollte da niemals herabsetzend geredet werden, damit die Kinder merken, was es ist, die Heiligen Gottes zu lieben. Vor allem darf niemals irgend etwas vorgebracht werden, wodurch das Wort Gottes angetastet wird.

Zur Erziehung der Kinder gehört auch, daß sie im Elternhaus so viel kindliche, wahre Freude finden, als irgend möglich ist. Es ist traurig, wenn Kinder von gläubigen Eltern denken, daß die Kinder eines weltlichen Hauses es besser hätten als sie. Die Kinder begreifen sehr gut, daß Zirkus, Kino, Theater und Tanzstunde sich für Gläubige nicht schicken. Wo es im Elternhaus recht steht, machen die Schilderungen, welche die Kinder in der Schule von anderen über jene Dinge hören, keinen Eindruck. Aber sollten gläubige Eltern nicht bemüht sein, ihren Kindern *bessere Freuden* zu schaffen, indem Vater und Mutter sich auch einmal die Zeit nehmen, mit ihren Kindern Spaziergänge oder Ausflüge zu machen, mit ihnen fröhlich zu spielen, um so Sonnenschein in das Leben ihrer Kinder zu bringen? Wie schön, wenn der Vater wirklich mit den Kindern spielt, oder wenn die Eltern mit den Kindern gute Bücher gemeinsam lesen, welche dem Auffassungsvermögen der Kinder entsprechen!

Von entscheidender Bedeutung sind *die Freundschaften*, welche die Kinder schließen und die Häuser, in welchen sie verkehren. Man darf seine Kinder nicht jeder freundschaftlichen Verbindung, nicht dem Geiste jedes Hauses preisgeben. Alle diese Fragen sollten im Gebet vor Gott geprüft werden. Dahin gehören auch *die Bücher*, welche unsere Kinder lesen. Durch Bücher und Bilder kann viel Gutes in die Herzen gestreut werden — aber auch viel Böses. Verständige Eltern werden auch den schon heranwachsenden Kindern keineswegs gestatten, alles zu lesen, was sie sich von Schulfreunden borgen oder aus der Schulbibliothek holen. Viele Kinder von Gläubigen haben den Samen des Unglaubens, der Weltlust, der Abneigung gegen Gottes Wort aus schlechten Büchern in sich aufgenommen. Keineswegs ist alles, was unter der Überschrift: ,,Jugendliteratur" oder ,,Für die reifere Jugend" im Buchhandel verbreitet wird, moralisch rein, besonders aber ist die moderne Romanliteratur vom antichristlichen Geist beherrscht und richtet unermeßlichen Schaden an. Verständige Eltern prüfen genau die Bücher, welche ihre Kinder lesen wollen.

(Diese letztere Mahnung tut jetzt in den 80er-Jahren besonders not. Warum? Wir erleben eine ungeheure Inflation sowohl auf dem säkularen als auch auf dem christlichen Buchmarkt. Eine große Menge der laufenden Neuerscheinungen ist direkt durch den antichristlichen Geist geprägt und inspiriert. — Nachdrücklich warnen wir zum Beispiel auch vor den vielen Heften im sogenannten Comics-Stil. Viele derselben vergiften die kindliche Seele. Nun ist es höchst bedauerlich, daß auch von christlicher Seite diese Comics eingesetzt und verbreitet werden. Nicht zu verwundern, wenn sich vor einiger Zeit das Schweizer Radio in einer satirischen Sendung über das Neue Testament in Comics-Form lächerlich machte! — Wenn wir hier auch vor den ,,christlichen" Comics warnen, dann besonders wegen der sich dadurch ergebenden Assoziationen zu den vielen verwerflichen weltlichen Heftchen.

Heute müßten manche christliche Eltern auch ein wachsames Ohr über die Schallplatten und Musikkassetten halten, welche sich ihre Kinder zu Gemüte führen. Es ist schrecklich, wenn die Kinder sich auch in gläubigen Familien ungehindert an antichristliche Musik gewöhnen können, und wenn damit ein gewisses Empfinden und Unterscheidungsvermögen für Göttliches und Teuflisches ruiniert und zerschlagen wird. — Christliche Familien, die sich ein Rundfunkgerät halten, tragen noch zusätzlich eine ernste Verantwortung für das, was aus dem Lautsprecher kommen darf! Vom Fernsehen sollten wir gar nicht erst reden müssen! Gesegnet sei jedes gläubige Haus, das sich dieses antichristlichen Machtmittels enthalten kann!)

Die Einflüsse der modernen Schule sind vielerorts dem Christentum feindlich. Infolge der antichristlichen, ja gottesleugnerischen Gesinnung eines großen Teiles der Lehrerschaft werden die Kinder zum Unglauben, zum Widerspruch gegen die Bibel an vielen Stellen systematisch angeleitet, besonders in dem Religionsunterricht ungläubiger Lehrer. Es gestaltet sich immer mehr zu einer Gewissensfrage für die Gläubigen, ob sie es verantworten können, ihre Kinder diesen Einflüssen preiszugeben. Selbst dann, wenn gläubige Kinder dem Lehrer gegenüber treu ihren Glauben bezeugen, ist dennoch zu befürchten, daß in der Länge der Schuljahre die täglich wirkende Macht des Unglaubens in solchem Kind das keimende göttliche Leben erstickt.

Treue Eltern werden sich von ihren Kindern alles erzählen lassen, was in der Religionsstunde gesagt worden ist. Ein alter Christ erzählt: „Ich mußte eines Tages zu dem Professor gehen, welcher auf dem Gymnasium der Religionslehrer meines jüngsten Sohnes war. Dieser hatte in den Religionsstunden das Wort Gottes angetastet; ich stand vor der Frage, ob ich meinen Sohn ein für allemal aus dem Unterricht heraustun solle oder ob ich die Bürgschaft bekommen würde, daß das Wort Gottes nie mehr angetastet würde. Ich sagte dem Professor: ‚Das Wort Gottes ist das kostbarste Erbteil, welches ich meinen Kindern hinterlasse. Ich darf nicht leiden, daß es meinen Kindern angetastet wird.' Da war der Mann vollständig erschrocken, nahm alles, was ich ihm sagte, in Demut an und versprach mir, nie mehr das Wort Gottes anzutasten. Dann sagte er zu meinem Erstaunen: ‚Wir Lehrer wissen, aus welchem Haus Ihre Söhne kommen!' Das hatten also die Lehrer unter sich besprochen. Man sieht hier, wie genau die Welt weiß, was sie von einem christlichen Haus zu erwarten hat."

Das Haus des Gebets

„*Bethel*", das heißt *Haus Gottes*, das sollte in Wahrheit jedes Christenhaus sein. Jakob sah im Traum zu Bethel (1. Mose 28, 10-22) die Leiter, welche in den Himmel reichte, er sah die Engel Gottes und empfing die Verheißungen Gottes. Welch liebliches Vorbild eines Christenhauses, wo vielleicht die Umstände des Tages dem *harten Stein* von Bethel gleichen, aber die Herzen sind in Frieden, weil man der Gegenwart und Verheißung Gottes, ja des Dienstes der Engel Gottes gewiß ist (vergl. Hebräer 1, 14 und Psalm 103, 20-21). So sollte jedes Christenhaus nach den göttlichen Gedanken eine Stätte sein, wo der Herr bei den Seinigen wohnt, wo Er herrscht, segnet und bewahrt. Das ist aber nur da Wirklichkeit, wo die *Hauseltern* persönlich in der Gegenwart Gottes wandeln.

Daher die wichtigste Frage für den Hausvater und die Hausmutter: *Stehe ich selbst im dauernden Gebetsumgang, in der persönlichen Lebensgemeinschaft mit dem Herrn?* Wie könnte der Geist des Gebets in einem Haus herrschen, wo Er in den Hauseltern und vor allem *im Hausvater* nicht herrscht? Der Herzensfriede und das Glaubensgebet der Hauseltern bringen auf das ganze Haus *diese Atmosphäre des Friedens, des Geborgenseins*, welche das Gepräge jedes Christenhauses bilden sollte — und doch so oft nicht bildet. Wie schön ist es, wenn Fremde, die in solches Haus kamen, bezeugten: Da ist ein wunderbarer Friede! Es ist der Friede Gottes, es ist die Ewigkeitsluft, die Gegenwart Gottes, die man da spürt.

Zweifellos ist es Satans Absicht, die Gläubigen und ihre Häuser zu verderben, in Sünde zu verstricken, ihr Zeugnis unwirksam, kraftlos zu machen. Er gebraucht dazu zahllose Mittel — Weltfreundschaft — Sorgengeist — Geldliebe — Menschenfurcht — Sündenlust. Aber den Gläubigen ist gesagt: „Wir werden *durch Gottes Macht*, durch Glauben bewahrt" 1. Petrus 1, 5. Wenn Satan Macht hätte, so würde er auch heute die Häuser der Gläubigen vernichten, wie er das Haus und das Leben des Hiob in dem Augenblick antastete, als Gott ihm die Umzäunung dazu öffnete. — Satan ging soweit, als er irgend konnte (siehe Hiob 1 und 2). Wenn Gott nicht Seine Macht einsetzte für die Seinigen, so würde keiner von den Gläubigen den Weg als ein siegreicher Zeuge vollenden. Wieviel Ursache haben da gläubige Hauseltern, ihr Haus, ihre Angehörigen täglich dem Schutz, der Bewahrung des Herrn zu befehlen. Es ist ein Vorrecht, wenn Mann und Frau dies an jedem Morgen gemeinsam tun dürfen — nicht alle genießen dies Vorrecht, weil die häuslichen und beruflichen Verhältnisse es nicht zulassen. Man denke z. B. an einen gläubigen Bergmann oder Fabrikarbeiter, der oft lange vor Tagesanbruch aufbrechen muß. Aber eine Stunde oder Viertelstunde findet sich bei allen, wenn nicht morgens, so des Mittags oder des Abends, da Mann und Frau ihr Haus, ihre Kinder mit allen ihren besonderen Bedürfnissen, Versuchungen und Schwierigkeiten dem Herrn bringen und eine *Mauer des Gebets* um ihr Haus bauen können. Von der Macht und Wirkung solches Glaubensgebetes machen wir uns viel zu geringe Vorstellungen. Hier ein Beispiel von dieser Macht und Wirklichkeit einer solchen durch Gebete gebauten Mauer:

Missionar van Asselt von der Rheinischen Mission war von 1856-76 auf Sumatra bei dem wilden Volke der Batta. Zwei amerikanische Missionare, die 20 Jahre zuvor dorthin gekommen, waren von den Batta getötet und aufgefressen worden. Jetzt kam van Asselt unter dies Volk, ohne dessen Sprache zu verstehen. Er selbst erzählt, daß er nur noch mit Grauen an die zwei ersten Jahre zurückdenke, die er dort zuerst allein, dann mit seiner Frau zusammen verlebte. Es sei oft gewesen, als ob sie nicht nur von feindseligen Menschen, sondern von Mächten der Finsternis umgeben waren. Es sei manchmal eine so unerklärliche, namenlose Angst über sie gekommen, daß sie nachts von ihrem Lager aufstanden, niederknieten und beteten, um nur von diesem Bann befreit zu werden.

Später zogen sie einige Stunden weiter in das Innere zu einem Stamm, der sie freundlich aufnahm, und wo sie sich ein Häuschen bauen konnten. Eines Tages saß van Asselt auf der Bank vor seinem Haus, als ein Mann aus jenem Stamm zu ihm kam, unter dem er zuerst gelebt hatte. Dieser brachte die Bitte vor, der Tuan (Lehrer) möchte ihm doch die Wächter zeigen, die er nachts zum Schutz um sein Haus stelle. Vergebens versicherte der Missionar, daß er nur einen kleinen Hütejungen und einen kleinen Koch habe, die nicht zu Wächtern taugten. Der Batta wollte es nicht glauben, er bat, ob er das Haus durchsuchen dürfe. Er durchstöberte die Winkel und die Betten. Als er sich überzeugt hatte, daß der Missionar keine Wächter bei sich habe, erzählte er demselben folgendes:

„Als du zuerst zu uns kamst, Tuan, waren wir sehr erzürnt auf dich und beschlossen, dich und deine Frau zu töten. Wir zogen auch hin vor dein Haus, eine Nacht um die andere Nacht, aber wenn wir kamen, stand um dein Haus eine doppelte Reihe von Wächtern mit blinkenden Waffen. So wagten wir nicht, sie anzugreifen. Wir gingen zu einem Meuchelmörder (unter den Battas gab es damals eine besondere Zunft von Meuchelmördern, die gegen Lohn jeden umbrachten, der aus dem Leben geschafft werden sollte). Der Meuchelmörder schalt uns Feiglinge und sagte: ,Ich fürchte keinen Gott und keinen Teufel, ich werde durch die Wächter durchdringen.'

So kamen wir am Abend zusammen. Wir hielten uns zurück und ließen ihn allein gehen. Aber nach kurzer Zeit kam er zurückgelaufen: ,Nein, ich wage es nicht, zwei Reihen großer, starker Männer stehen da, ganz dicht Schulter an Schulter, und ihre Waffen leuchten wie Feuer.' Da gaben wir es auf, dich zu töten. Aber nun sage, Tuan, *wo sind die Wächter, hast du sie nie gesehen?*"

„Nein, ich habe sie nie gesehen, meine Frau auch nicht", sagte der Missionar.

„Aber wir haben sie doch alle gesehen; wie kommt denn das?"

„Da", erzählte der Missionar, „ging ich hinein und holte aus unserem Haus eine Bibel, hielt sie ihm aufgeschlagen vor und sagte: ,Siehe, dies Buch ist das Wort unseres großen Gottes, in dem Er uns verheißt, daß Er uns behüten und beschirmen will; diesem Wort glauben wir fest, darum brauchen wir die Wächter nicht zu sehen; ihr aber glaubet nicht, darum muß euch der große Gott die Wächter zeigen, damit auch ihr glauben lernt.'"

Welche uneingeschränkten Verheißungen gibt der Herr den Seinigen für ihr Glaubensgebet! „Wiederum sage ich euch:

wenn zwei von euch auf der Erde übereinkommen werden über irgend eine Sache, um welche sie auch bitten mögen, so wird sie ihnen werden von meinem Vater, der in den Himmeln ist. Denn wo zwei oder drei versammelt sind in meinem Namen, da bin ich in ihrer Mitte" Matthäus 18, 19-20. Hier ist eine Verheißung gegeben, welche für gläubige Eheleute von besonderer Bedeutung ist. Mann und Frau dürfen eins werden über irgend eine Hilfe, Bewahrung oder Abwendung, die sie vom Herrn erbitten wollen. Welche Wunder werden da erlebt! Hier wurde ein kleiner Knabe vom Stottern gänzlich geheilt, das anscheinend als Folge einer Gehirnerschütterung plötzlich aufgetreten war, dort wurde eine gemütskranke Tochter ganz überraschend geheilt, hier wurden Geldschwierigkeiten gnadenreich geebnet, dort eine gefährdete Ernte wunderbar erhalten. Aus einem Brief des Schneidermeisters W. G., eines gläubigen Christen, sei folgendes abgedruckt:

„Ich war als armer Schneidermeister reich an Kindern, deren neun heute noch leben, einige sind schon gestorben. Aber wir haben keinen Mangel gehabt, der Herr hat durchgeholfen. Im Jahr 1906 konnte ich durch die Hilfe einer Tante, die mir 6000 Mark lieh, ein Hausgrundstück kaufen. Es kostete 35 500 Mark. Die erste Hypothek betrug 18 000 Mark. Diese ließ der Gläubiger auf dem Grundstück stehen. Als aber im Jahr 1907 die große Geldkrisis eintrat, wurden allenthalben die Hypotheken gekündigt — dies traf auch mich. Ich sollte zum 31. Dezember 1907 die 18 000 Mark zahlen. Was ein Mensch an Bemühungen, Bitten, Briefen aufwenden kann, um von anderer Seite dies Kapital zu erlangen, habe ich getan. Wie schwer war die Last, als ich von allen Seiten ablehnende Antworten bekam. Bei allen Sparkassen weithin in der Umgegend, bei reichen Leuten, die ich kannte, bei vielen Geldverleihern fragte ich vergebens an. Endlich versprach ein Geschäftsmann, mir das Kapital zu verschaffen gegen 180 Mark bar als Provision — aber siehe da, der 31. Dezember kam, und dieser Mann hatte das Geld nicht. Solange hatte ich das Geld bei Menschen vergebens gesucht. Jetzt demütigte ich mich vor Gott und flehte den Herrn inbrünstig um Seine Hilfe an. Am 7. Januar 1908 kam eine Dame zu mir und sagte: ,Herr G., wir haben von Ihrer Verlegenheit gehört; Sie können das Geld von meinem Bruder kriegen, und zwar zu 4 Prozent.' Dies war nun in jenen Tagen ein ganz besonderes Wunder, denn damals mußten viele, um ein Kapital zu finden, bis 8 1/2 Prozent zahlen. An diese Dame hatte ich nicht gedacht."

Wer da will, der mag hier von Zufall reden. Aber jeder aufrichtige, nüchterne Leser wird bekennen müssen: Dies ist eine greifbar deutliche Antwort Gottes auf das Gebet des Glaubens. „Bittet, so wird euch gegeben; suchet, so werdet ihr finden; klopfet an, so wird euch aufgetan. Denn wer da bittet, der empfängt; und wer da sucht, der findet; und wer da anklopft, dem wird aufgetan" Matthäus 7, 7-8.

Eine betende Christin, die in London ohne jedes Vermögen im Glaubensvertrauen auf den Herrn eine große Schar von Waisenkindern durch Jahre hindurch erzog, berichtet:

„Einmal hatten wir gar nichts mehr im Haus *und konnten nichts weiter tun, als dies unserem Vater im Himmel sagen.* Da sah ich vom Fenster aus, daß ein großer Wagen eines Kolonialwarenhändlers vor der Haustür hielt und daß ein Mann anfing, Säcke abzuladen. Rasch gehe ich hinaus und sage zu ihm: ‚Ich habe nichts bestellt.' Darauf erwiderte derselbe: ‚Nein, aber Gott hat bestellt', und fährt ruhig fort, seine Waren, Säcke mit Reis, Mehl, Zucker, eine Kiste Tee, Kaffee, Käse, eine Speckseite usw., abzuladen und ins Haus zu tragen. Als er fertig ist, höre ich, daß es ein wohlhabender Kolonialwarenhändler in Ost-London ist, der meinen Jahresbericht gelesen und währenddem deutlich den Auftrag von Gott bekommen hat: ‚Geh in dein Warenlager und lade alles auf, was dir unter die Hände kommt, und bringe es selbst hin.' Seinen Namen wollte der treffliche Mann nicht nennen. ‚Gott kennt ihn', sagte er, und ich konnte ihm nur danken und ihm versichern, daß wir betend seiner gedenken würden.

Während ich an meinem letzten Bericht schrieb, erlebte ich etwas Interessantes, worüber sich meine Freunde mit mir freuen sollten. Bei der Abrechnung fand es sich, daß sehr wenig Geld übrigblieb, dabei liefen eine große Anzahl Rechnungen für Gas, Kohlen usw. ein, auch brauchten wir Mittel für das tägliche Brot. Als der Buchhalter mir beim Fortgehen sagte, es sei große Ebbe in der Kasse, erwiderte ich: ‚Wir haben heute schon dreimal unsere Rechnungen vor Gott ausgebreitet, und *Er wird uns antworten.*' Es war noch keine halbe Stunde vergangen, als ein Scheck über 1000 Mark ankam. O, liebe Freunde, hättet ihr dabeisein können, als wir unserem Gott dankten und Sein Lob sangen!"

Möchten doch alle, welche bisher die Botschaft von der Gegenwart des rettenden Gottes nicht geglaubt haben, sich überzeugen lassen, daß die Verheißungen der Bibel Wahrheit sind. Eine besondere Bedeutung im häuslichen Leben haben die Mahlzeiten, von denen das Wort Gottes für Gläubige sagt: *„Denn es* (die Speise) *wird geheiligt durch Gottes Wort und durch Gebet"* 1. Timotheus 4, 5. Der Apostel setzt also voraus, daß bei den Mahlzeiten der Kinder Gottes gebetet und das Wort Gottes gelesen werde. *Wahres, wirkliches Tischgebet* gehört zu den Wahrzeichen jedes Christenhauses.

Daß ein Tischgebet vor allem ein *Dankgebet* sein soll, erhellt aus den Dankgebeten, die unser hochgelobter Herr vor jeder Mahlzeit zum Vater emporsandte. Es geht auch aus dem Verhalten der ersten Christen zu Jerusalem hervor, welche in einem weit höheren Maße als wir unter der Leitung des Geistes standen. „Sie nahmen Speise mit Frohlocken und Einfalt des Herzens und lobten Gott" Apostelgeschichte 2, 47.

Die Bibel enthält ein wörtliches Muster zu einem Tischgebet im Psalm 145, 15 und 16: „Aller Augen warten auf Dich, und Du gibst ihnen ihre Speise zu seiner Zeit; Du tust Deine Hand auf und sättigst alles Lebendige nach Begehr." Dies ist eine durch den Heiligen Geist selbst gelehrte Lobpreisung der Güte Gottes.

Millionenfach steigt in allen Sprachen der Erde täglich das Flehen der Kinder Gottes auf, um in allen irdischen Dingen von Gottes väterlicher Güte versorgt zu werden. Wenn es denn das Vertrauen aller wahren Gotteskinder ist, von der Huld des Vaters in den Himmeln das tägliche Brot zu empfangen, so folgt schon hieraus, daß der *kindliche Dank für die Erfüllung jener Bitte* dem gebührt, der uns alles gibt. Dieser Dank wird sich je nach den besonderen Verhältnissen und Tagesereignissen unter der Leitung des Heiligen Geistes verschieden gestalten. Anders lautet er, wenn eine arme Familie Brot und Speise empfing, von der man morgens noch nicht wußte, woher sie kommen sollte. Anders dankt ein Hausvater, wenn er am Silvestertag mit seiner großen Familie dessen gedenkt, daß Gott wiederum durch 365 Tage hindurch sein Haus versorgt hat. Diese Verschiedenheit der

Umstände deutet an, daß ein auswendig gelerntes Tischgebet *vielleicht ausnahmsweise*, aber keinesfalls immer den täglich wechselnden Bedürfnissen entsprechen kann.

Sobald der Heilige Geist die Saiten des Herzens berührt zu wahrer Danksagung, bringt Er die Gott wohlgefälligen Gedanken und Worte selbst hervor. Wenn ein heimgekehrter Sohn wieder seinen Platz bei Vater und Mutter einnimmt, wenn die genesene Frau zum erstenmal wieder an des Mannes Seite sitzt, wenn teure Kinder Gottes als Gäste am Tisch sind, das alles bringt neue Akkorde des Dankes in den Herzen hervor. Hier ist eine Seite des Tischgebetes berührt, welche dasselbe in seiner Bedeutung als ein Stück priesterlichen Dienstes im Christenhaus beleuchtet.

Wahres Tischgebet beeinflußt mächtig die Tischunterhaltung. Ein Gläubiger, der vor Beginn des Essens betet, bezeugt mit seiner Familie, die um den Tisch sitzt, daß er vor einem heiligen, gegenwärtigen Gott steht, welcher Zeuge ist bei jeder Unterhaltung.

Wer seine Mahlzeit als eine unverdiente Gabe Gottes dankend empfing, wird nicht einstimmen können in irgend ein Tadeln und Bemäkeln der Speisen. In Christenhäusern sollte letzteres im Blick auf die Kindererziehung ein für allemal ausgeschlossen sein.

Andacht und Gesang

Wenn Paulus das gottgewollte Leben im Haus der Gläubigen zeichnet, so sagt er: „Lasset das Wort Christi unter euch reichlich wohnen in aller Weisheit; lehret und vermahnet euch selbst mit Psalmen und Lobgesängen und geistlichen lieblichen Liedern und singet dem Herrn in eurem Herzen. Und alles, was ihr tut mit Worten oder mit Werken, das tut alles in dem Namen des Herrn Jesu und danket Gott und dem Vater durch Ihn" Kolosser 3, 16-17. Es gehört viel Gnade dazu, dies Wort zu einer Wirklichkeit zu machen, besonders dazu, daß die Kinder Gottes in ihrem täglichen Leben *in ihren Herzen* Gott mit geistlichen Liedern und Lobgesängen preisen. Dazu gehört, daß im Haus der Geist der Freude, der Geist der Kindschaft walte und nicht der Geist der Knechtschaft (der Sklaverei) oder der Furcht (vergl. Römer 8, 15). Wie schön, wenn die versammelte Familie den Herrn in Lobliedern preist, oder wenn die einzelnen bei der Arbeit im Haus Lieder des Dankes und der Hoffnung singen!

Lieder verscheuchen die finsteren Geister der Unzufriedenheit, der Klage, des Murrens; das ist noch heute so, wie in Davids Tagen (lies 1. Samuel 16, 14-23). *Wo viele Lieder sind, da sind keine Sorgen, wo keine Lieder sind, pflegen viele Sorgen zu sein.* Hast du Sorgen? Singe sie weg durch Lieder des Glaubens.

Der Herr gab Seiner Gemeinde in unseren Tagen viele kostbare Lieder; diese sind nicht allein *für die Versammlungen* der Gläubigen bestimmt, sondern ebensosehr *für die Herzen und die Häuser.* Für letztere sind sie überaus wichtig; vor allem, wo Kinder sind, sollten diese im Elternhaus die Lieder des Glaubens und des Lobes lernen. Es ist ein Gottesgeschenk, daß in so vielen Häusern der Gläubigen der Gesang durch Harmonium- oder Klavierbegleitung gefördert wird. Wo man dies Vorrecht hat, sollte täglich davon Nutzen gezogen werden, sei es morgens oder abends. Aber Kinder Gottes, in deren Herzen es singt und klingt, werden auch singen ohne Harmoniumbegleitung, und sie sollten es nicht versäumen. Welch schönes Zeugnis für die Nachbarn, welche den Herrn noch nicht kennen, wenn aus einem Christenhaus Loblieder hinüberschallen!

Bei vielen Kindern Gottes ergibt sich aus der Arbeitspflicht des Mannes, daß erst zur Mittagsstunde, vor oder nach dem Essen, das Haus versammelt werden kann zum Gebet und zur Wortbetrachtung. Wo es aber möglich ist, sollte die Familie morgens und abends um das Wort Gottes versammelt sein und gemeinsam die Knie beugen. In vielen Häusern der Gläubigen wird *nur das Wort Gottes* fortlaufend gelesen, nach jeder Mahlzeit ein ganzes oder ein halbes Kapitel. Dies hat einen Vorzug: Das Haus hört nur das einwandfreie Gotteswort, die absolute Wahrheit und lernt die Bibel im Zusammenhang kennen. Es hat auch Nachteile: Nicht alle Stellen der Bibel eignen sich *für die Hausandacht* — manche sind offenbar gegeben, um sie *allein* zu lesen. Kinder und unbekehrte Gäste können vieles im Wort Gottes noch nicht verstehen. Deshalb wird es in vielen Häusern anders gehalten.

In einigen Häusern liest der Hausvater das Wort Gottes und fügt selbst einige Worte der Auslegung hinzu. In anderen Häusern bedient man sich eines *Hausandachtsbuches*. Gott hat in Seiner Güte dafür Sorge getragen, daß es deren jetzt einige in Wahrheit biblische, gesegnete gibt. — Es gibt leider auch eine Anzahl solcher, welche nur menschlich religiöse Abhandlungen enthalten, aus denen weder Leben, noch Kraft, noch Trost in die Herzen fließen können. Es genügt also nicht, wenn ein Hausvater ein Buch mit Hausandachten kauft. Es ist die Frage: *Was für ein Buch ist es?* Hauseltern, welche sich zu einem Hausandachtsbuch entschließen, sollten sich dasselbe von erfahrenen Brüdern empfehlen lassen, damit sie nicht unbiblische, widergöttliche Gedanken in die Herzen ihrer Hausgenossen tragen.

Wenn in einem Haus dauernd die Hausandacht aus einem Andachtsbuch gelesen wird, so bedarf man deren mehrere im Laufe der Zeit, damit nicht jedes Jahr dieselben Gedanken wiederkehren — da würde kein gesundes Wachstum zu erwarten sein. Eine andere Art ist die, zur täglichen Wortbetrachtung einen guten Abreißkalender zu benutzen. Auch darin hat der Herr in Gnaden die Bedürfnisse der Seinigen angesehen und einige wahrhaft biblische Abreißkalender gegeben. Diese Betrachtungen haben den Vorzug der Kürze.

Wie es nun auch gehalten wird, wesentlich ist, daß das *Wort Gottes* den Kern und Mittelpunkt bilde — nicht menschliche Worte. Deshalb ist es auch dringend geraten, daß alle Hausgenossen, Vater, Mutter, Kinder (mit Ausnahme derer, die noch nicht fließend lesen können), Dienstboten ihre Bibel mitbringen, damit sie in ihrer eigenen Bibel den Abschnitt mitlesen und imstande sind, das Wort für sich noch einmal nachzulesen, wenn der Herr sie daran erinnert.

Kinder von gläubigen Eltern sollten schon frühe — etwa mit sieben oder acht Jahren — ihre eigene Bibel als Geschenk empfangen. Das macht ihnen erfahrungsmäßig ihre Bibel wert und treibt sie oftmals dazu, im Wort Gottes zu forschen. Vor einiger Zeit hatte ich die Bibel eines vor kurzem heimgegangenen achtjährigen Jungen in der Hand. Wie vieles war da angestrichen und unterstrichen, und wie viele Randbemerkungen lieferten den Beweis, daß dies Kind im Wort Gottes gelebt hatte.

Ist der Hausvater abwesend oder krank, so sollte doch deshalb die Hausandacht nicht ausfallen, sondern die Hausmutter sollte sie dann regelmäßig halten. Das ist ja auch ihr gottgegebener Dienst, wenn es ihr beschieden sein sollte, Witwe zu werden.

In manchen Häusern wird am Schlusse der Hausandacht sitzend gebetet, in anderen steht man zum Gebet auf, in anderen knien alle nieder. Letzteres erscheint als das Natürliche, besonders bei der Abendandacht, wenn das ganze Haus sich mit Lob und Dank in des Herrn Hand befiehlt.

Die Frage der Mitarbeiter

Nur wenige Gläubige sind in der Lage, Dienstboten zu halten, aber *viele Kinder Gottes* sind in dienender Stellung. Für beide ist es überaus wichtig, die göttlichen Gedanken darüber zu verstehen, was der Herr von ihnen erwartet. Die Auswahl eines Mädchens oder Dieners, einer Stütze für die Hausfrau, einer Erzieherin, eines Hauslehrers ist immer eine wichtige Entscheidung. Wir sind keine Herzenskündiger. Zeugnisse, Photographien und der persönliche äußere Eindruck können gewaltig irreführen. Satan ist bemüht, in ein Christenhaus störende Elemente, feindselige Geister, den Geist des Widerspruchs, des Spottes, der Weltlust und der Untreue hineinzubringen. Jede Persönlichkeit, die in das Haus aufgenommen wird, übt eine Wirkung auf die Hausgenossen aus, zum Guten oder zum Schlimmen. Natürlich sind die Wirkungen, welche eine Erzieherin, ein Hauslehrer ausüben, spürbarer und weitreichender als die, welche ein Mädchen in der Küche ausübt — jedoch auch letzteres kann unaussprechliches Leid und großen Schaden bringen. Welches Unheil bis zu sittlicher Verführung von Kindern ist geschehen in Familien, während die Eltern sich nichts davon träumen ließen, was mit ihren Kindern vorging! Welche Bekenntnisse vernimmt man zuweilen von erwachsenen Personen über Erlebnisse, die in ihrer Kinder- und Jugendzeit im Elternhaus lagen. Aus dem allem ist erkennbar, daß die Auswahl und Annahme der Dienenden in einem Christenhaus *des ernstesten Gebetes um Leitung, Bewahrung und Segen bedürfen.*

Der Geist der Zeit will das Verhältnis der Dienenden so umgestalten, daß an die Stelle von väterlicher Fürsorge und Liebe, von persönlicher Verantwortung und Autorität einerseits, von Gehorsam, Treupflicht und Dankbarkeit andererseits ein kaltes Lohnverhältnis tritt. Der eine liefert die Arbeit, der andere bezahlt dieselbe mit Lohn, Unterkunft und Verpflegung. Von einem Verhältnis gegenseitiger Liebe und Treue soll nicht mehr die Rede sein.

Für Gläubige ist zunächst die Frage: Was will Gott? Was gebietet das Wort Gottes? Da kann kein Zweifel sein, daß Gott den Hauseltern die Autorität der Herrschaft gab und den Dienenden die Pflicht des Gehorsams, der Treue und Ergebenheit. Auch auf diesem Gebiet erweist die Wirklichkeit des Lebens, daß Glaubensgebet und Liebe stärker sind als der Geist der Zeit und daß die Macht des in einem wahren Christenhaus herrschenden Geistes auch widerstrebende Gemüter zu überwinden vermag. Zuweilen gibt Gott wunderbare Gnade, daß Mädchen, welche unbekehrt aus der Welt in ein Christenhaus kommen, sich schnell bekehren. Einst sagte ein gläubiger Fabrikant im weißen Haar: ,,Wir haben in den langen Jahren unserer Ehe viele Mädchen in unserem Haus gehabt, die unbekehrt zu uns kamen, aber der Herr hat Gnade gegeben, sie sind *alle* als gläubig von uns gegangen!''

In einem Fall war das erste Gespräch eines gläubigen Hausvaters mit einem neu angenommenen Mädchen entscheidend. Sein Gewissen wurde getroffen, es bekannte seine Sünden, gab sein Herz dem Herrn und ging zu seiner früheren Herrschaft, um das zu bekennen, worin es gefehlt hatte. Das neue Leben begann, und es blieb im Haus fünf Jahre, bis es als Krankenpflegerin in ein Krankenhaus ging.

In einem anderen Fall kam ein Mädchen aus den Tiefen der Sünde und Schande, hatte aber seine Vergangenheit verheimlicht. An einem Sonntagnachmittag, wenige Tage nachdem es ins Haus gekommen war, sagte ihm der Hausvater von der Gnade und Errettung, die in Christo ist. Das Mädchen ergriff glaubend in demselben Augenblick die Gnade, wurde Jesu Eigentum und offenbarte in seinem Wandel das neue, gottgegebene Leben. Dies sind gewiß Ausnahmen, denen gegenüber mancher schmerzliche Fall von Enttäuschung stehen mag. Wir dürfen aber fest vertrauen, daß jedesmal, wenn Dienstboten *in Abhängigkeit vom Herrn* mit Glaubensgebet in ein Haus aufgenommen werden, irgend ein Segen hervorkommen wird. Vielleicht besteht dieser Segen in manchen Fällen nur in der Prüfung und Bewährung von Liebe, Glauben und Geduld, vielleicht auch darin, daß ein oft gerufenes Menschenkind zum letzten Mal gerufen und gewarnt werden soll.

Für die Gläubigen ordnet das Wort Gottes das Verhältnis der Herrschaft und der Dienenden wie folgt: ,,Ihr Knechte, seid gehorsam euren leiblichen Herren mit Furcht und Zittern, in Einfalt eures Herzens, als Christo; nicht mit Dienst allein vor Augen, als den Menschen zu gefallen, sondern als die Knechte Christi, daß ihr solchen Willen Gottes tut von Herzen, mit gutem Willen. Lasset euch dünken, daß ihr dem Herrn dienet und nicht den Menschen, und wisset, was ein jeglicher Gutes tun wird, das wird er von dem Herrn empfangen, er sei ein Knecht oder ein Freier. Und ihr Herren, tut auch dasselbe gegen sie und lasset das Drohen; wisset, daß auch euer Herr im Himmel ist und ist bei Ihm kein Ansehen der Person" Epheser 6, 5-9.

„Den Knechten sage, daß sie ihren Herren untertänig seien, in allen Dingen zu Gefallen tun, nicht widerbellen, nicht veruntreuen, sondern alle gute Treue erzeigen, auf daß sie die Lehre Gottes, unsers Heilandes, zieren in allen Stücken" Titus 2, 9-10.

„Die Knechte aber, so unter dem Joch sind, sollen ihre Herren aller Ehre wert halten, auf daß nicht der Name Gottes und die Lehre verlästert werde. Welche aber gläubige Herren haben, sollen sie nicht verachten, weil sie Brüder sind, sondern sollen vielmehr dienstbar sein, dieweil sie gläubig und geliebt und der Wohltat (d. h. der Wohltat dieser treuen Dienste) teilhaftig sind" 1. Timotheus 6, 1-2.

Das Wort Gottes ordnet also das Verhältnis der Herrschenden und Dienenden einerseits auf der Grundlage gottgegebener Autorität und Gehorsamspflicht, andererseits auf dem Fundament gegenseitiger Liebe und Treue.

Oftmals sind Gläubige in Schwierigkeit, weil sie nicht wissen, ob und wann sie berechtigt sind, einem Dienenden zu kündigen, der ihnen tägliche Schwierigkeiten oder Ärgernisse bereitet. Der gleiche Fall liegt auch manches Mal für eine gläubige Christin in dienender Stellung vor. Soll sie kündigen und gehen? Soll sie warten und bleiben? In solcher Lage bedarf es viel Demut und Gebet und stilles Warten, um *den Willen des Herrn* klar zu erkennen. Eine treue und bewährte Schwester befand sich in diesem Fall; die Ungeschicklichkeit, Trägheit, Unwahrhaftigkeit ihrer Angestellten war groß. Aber sie widerstand allem Zureden ihres gläubigen Mannes, sie möge das Mädchen entlassen. Sie sagte bestimmt: „*Ich weiß*, Gott hat mir dies Mädchen geschickt, Gott wird geben, daß es zurechtkommt."

Wie gesegnet ist solch klares Vertrauen! Aber man kann dies nicht in allen Fällen sagen. Wenn z. B. die Dienenden in einem Christenhaus die gottgegebene Autorität der Hauseltern dauernd und mit Bewußtsein und Trotz mißachten, so ist es sicherlich falsch, solche im Haus zu behalten. Wer die Pflicht der Unterordnung nicht anerkennt, reißt die von Gott gegebene Grundordnung des Hauses in Stücke; da ist dann alle Geduld und Wohltat vergebens. In solchem Fall sollte man zwar die nötige Zeit gewähren, um zu warten, ob der Widerstrebende sich beugt; man sollte alle Liebe und Geduld daranwenden, um den empörerischen Geist zu überwinden — wird dies aber abgelehnt, so muß Trennung erfolgen.

Die gute Sitte, der sittliche Anstand in Wort und Wesen, Zucht und Gehorsam müssen in einem Christenhaus mit Ernst aufrechterhalten werden um der Ehre des Glaubens willen vor den Augen der Welt. Auf diesen Gebieten kann man *keine Konzessionen* machen, sonst wächst das Unkraut riesengroß, und der Frieden des Hauses wird zerstört. Davon abgesehen, geziemt es gläubigen Herrschaften, ihren Dienstboten gegenüber die *Geduld und Liebe Christi* zu offenbaren und nicht zu vergessen, mit wieviel Geduld und Nachsicht wir selbst vom Herrn erzogen und getragen werden.

Gläubige Christen sind ihren Dienstboten schuldig, sie gut zu ernähren, ihnen eine gesunde, behagliche Wohnstätte zu geben, vor allem sie vor sittlichen Gefahren zu behüten. In manchen Städten des Westens ist es Sitte, daß die Dienenden aller im Hause wohnenden Familien in den Mansardenzimmern schlafen, völlig außerhalb der Obhut der einzelnen Hauseltern, in deren Dienst sie stehen. Dies gibt natürlich Veranlassung zu großen Gefahren und zu einer leicht einreißenden Zuchtlosigkeit. Gläubige Christen, welche ihre Verantwortung vor Gott kennen, werden sich solchen Verhältnissen nicht unterwerfen, sondern ihren Mädchen eine Unterkunft in der eigenen Wohnung schaffen. Aus denselben Gründen können Gläubige auch nicht gestatten, daß ihre Dienstboten die Vergnügungen der Welt auf dem Tanzboden, im Kino usw. mitmachen und bis spät in die Nacht an den Sonntagen ausbleiben. Denn durch diese Dinge werden die Tore der Unsittlichkeit und Zuchtlosigkeit geöffnet. Es ist nötig, dies vor Abschluß des Dienstvertrages klar auszusprechen.

Heutzutage *lesen* in unserem Volk alle Menschen — aber

was lesen sie? Es gibt eine besonders gefährliche Kolportage für Dienstboten. Das Wort *Hintertreppenromane* bezeichnet eine Klasse von Schauerromanen, reich an Roheit und Sinnlichkeit, welche in Millionen verbreitet werden. Vor diesen Produkten sollte ein Christenhaus bewahrt werden. Damit dies wirksam geschehe, ist es geboten, den Dienenden gute Bücher, Blätter und Zeitschriften in die Hand zu geben, vor allem für den Sonntag.

Wo für die Dienenden wirklich mit Liebe gesorgt wird, ist es nötig, wachsam zu sein, daß dieselben genug *Zeit zu ausreichendem Schlaf* haben, der Regel nach sollten es nie weniger als sieben Stunden sein, besser acht.

Für die Fälle ernster Krankheit empfiehlt es sich, eine geeignete Krankenversicherung abzuschließen. Man hat auf diese Weise Bürgschaft, daß an der Gesundheit der Dienenden nichts versäumt werde. Die Liebe gebietet, dessen zu gedenken, daß die Gesundheit der Dienenden ihr *kostbarstes Erdengut* ist, das einzigste Kapital, welches sie in das Leben mit hinausnehmen. Wie groß ist die Verantwortung, daß ihnen dieser Schatz erhalten bleibe. Freilich *größer* als die Gesundheit des Leibes ist der *Wert der unsterblichen Seele*. Daß diese errettet werde, muß das tägliche Flehen der gläubigen Herrschaft für ihre unbekehrten Dienstboten sein, für ihre gläubigen Dienstboten aber, daß das geistliche Leben derselben wachse und Frucht bringe und daß sie vor sittlichem Schaden behütet werden.

Alle Dienenden gehören zur Familie und sollten nie bei der Morgen- und Abendandacht des Hauses fehlen. Daß *der Sonntag* für alle soweit als möglich ein wirklicher Ruhetag sei, gehört zur Verantwortung jeder Dienstherrschaft. Wer *gläubige* Dienstboten hat, trägt besondere Verantwortung dafür, daß sie Zeit und Gelegenheit finden, um die Versammlungen der Gläubigen zu besuchen, nicht nur am Sonntag, sondern soweit möglich auch an Wochenabenden.

Gläubige Dienstboten stehen als ,,*Geschwister im Herrn*'' ihrer gläubigen Dienstherrschaft nahe. Dies unaussprechlich kostbare Lebensverhältnis findet, wo es recht steht, seinen Ausdruck und seine Bestätigung in einem von Liebe und Vertrauen getragenen Verkehr. Da gibt es gewiß manche Stunde, in welcher man gemeinsam vor dem Herrn die Knie beugt und manche vertrauensvolle Aussprache über das, was die Herzen beschäftigt. *Trotzdem bleibt das Verhältnis von Herrschaft und Dienerschaft bestehen — es darf weder verwischt noch durch eine unpassende Vertraulichkeit außer Kraft gesetzt werden.* Geschieht letzteres, so wird der Schaden nicht ausbleiben. Die *göttlichen Ordnungen* werden niemals ungestraft mißachtet. Stets sollte die Herrschaft in Liebe und Freundlichkeit den Dienenden zum Bewußtsein bringen, daß sie als geliebte Geschwister geachtet werden, aber niemals dürfen gläubige Dienstboten vergessen, was sie ihrer Herrschaft an Ehrfurcht schuldig sind.

Oft hat auch die gläubige Dienstherrschaft Mühe, sich wirklich in die Lage der Dienenden hineinzuversetzen, ihre Empfindungen zu verstehen und richtig zu erkennen, welchen Wert Freundlichkeit und Anerkennung für die Herzen der Dienenden haben und welchen Eindruck jeder Tadel hervorruft. Was wird der Herr sagen, wenn die Dienenden niemals für Treue und Aufmerksamkeit gelobt werden, wohl aber für jeden Fehler getadelt? Es gibt Familien, auch bei Gläubigen, wo die Dienenden niemals gelobt werden. Letztere sind aber Menschen „von gleichen Gemütsbewegungen wie wir", d. h. sie bedürfen der Ermunterung, der Tröstung, der Stärkung des Vertrauens.

Der Feldhauptmann Naeman (siehe 2. Könige 5, 1-4 und 10-14) war ein Heide, aber sein Haus ist ein Vorbild für alle gläubigen Christen durch das Verhältnis der Dienerschaft zur Herrschaft. Naemans kleine jüdische Sklavin trug Leid um den Aussatz des Hausherrn, nahte vertrauensvoll zur Herrin und sagte den Weg des Heils. Durch ihr Zeugnis fand Naeman Heil und Leben. Die Knechte redeten zu Naeman: „Mein Vater", beschwichtigten seinen Zorn, vermahnten ihn zur Demut und bewahrten ihn so vor der verderblichen Umkehr, zu der er sich schon gewendet hatte. Sicherlich, das waren treue Herzen, aber *hätten sie gewagt, so zu sprechen, wenn ihnen Herz und Mund nicht aufgetan worden wären durch Liebe und Güte?* Stehen unsere Dienstboten und Untergebenen so mit dem Herzen voll Vertrauen zu uns? *Teilen wir ihre Schmerzen und Sorgen in der Liebe Jesu? Sicherlich, sie teilen dann die unsrigen.*

Ob ein Haus in Wahrheit auf den Felsen gegründet ist, erweist sich am Tag des Ungewitters und des Sturmes. Man kann jedem Christenhaus voraussagen: Die Tage der Prüfung werden kommen! ,,Jeder nun, der irgend diese meine Worte hört und sie tut, den werde ich einem klugen Mann vergleichen, der sein Haus auf den Felsen baute; *und der Platzregen fiel hernieder, und die Ströme kamen und die Winde wehten und stürmten wider jenes Haus; und es fiel nicht, denn es war auf den Felsen gegründet.* Und jeder, der diese meine Worte hört und sie nicht tut, der wird einem törichten Mann verglichen werden, der sein Haus auf den Sand baute; und der Platzregen fiel hernieder, und die Ströme kamen, und die Winde wehten und stießen an jenes Haus; und es fiel, und sein Fall war groß'' Matthäus 7, 24-27.

Gold wird durch das Feuer bewährt, und echtes Christentum besteht seine Probe am Tag der Heimsuchung.

Wenn Vermögensverluste, ja Verarmung, Verleumdung bis zu ungerechten Anklagen vor Gericht dem Gläubigen drohen, wenn schwere Krankheit, plötzliche Todesfälle in sein Haus eintreten, so darf er ungebeugt zum Herrn aufblicken und sprechen: ,,Der Herr ist mein Licht und mein Heil, vor wem sollte ich mich fürchten? Der Herr ist meines Lebens Stärke, vor wem sollte ich erschrecken?'' Psalm 27, 1.

Wenn Arbeitslosigkeit und Mangel sein Haus bedrohen, so darf er glaubend bekennen: ,,Mein Vertrauen ist auf den, welcher mir sagen läßt: ,Ich war jung und bin auch alt geworden, und nie sah ich den Gerechten verlassen, noch seinen Samen nach Brot gehen' Psalm 37, 25.'' In solchen Tagen soll Frau und Kind in dem Hausvater einen ungebeugten Steuermann erblicken, der im Vertrauen auf den Herrn klaren Auges vorwärts schaut.

Schwerer noch ist es, wenn eine Witwe mit großer Kinderschar durch tiefes Leid gehen muß — aber auch da ist der Glaube der Sieg, der die Welt überwindet. Eine gläubige Witwe war mit einem Sohn und zwei Töchtern zurückgeblieben. Der hochbegabte, hoffnungsreiche Sohn starb kurze Zeit nach dem Vater nach langem schwerem Leiden, die jüngere Tochter zwei Jahre später, ebenfalls unter großen Qualen. Diese beiden Kinder entschliefen im Glauben. Die ältere Tochter, welche der Mutter blieb, wandte dem Glauben den Rücken, ging Wege der offenbaren Sünde, entfremdete ihr Herz der Mutter, wies ihre Ermahnungen ab — *und doch blieb diese Mutter im Frieden Gottes bewahrt, eine demütige, liebevolle Zeugin der Gnade,* die vielen Menschen den Weg zu Jesus zeigen durfte. Sie erwartet glaubend die Stunde, da ihr abgeirrtes Kind an ihr Herz und zu Jesu Füßen zurückkehren wird. Sie hat sich nicht geärgert an den schweren Wegen Gottes und ist an Jesu Liebe nicht irre geworden.

In einem wohlhabenden Christenhaus waren zwei Knaben, der eine krank und idiotisch, der andere gesund und begabt. Der letztere starb nach kurzer Krankheit — der idiotische Sohn blieb den Eltern. Ein junges Mädchen, welches in jenem Haus Erzieherin war, bezeugte: ,,Damals habe ich in der friedevollen, stillen Beugung der Eltern unter den Willen des Herrn erlebt, was das Wort bedeutet: *,Auf daß Er* (Christus) *in allen Dingen den Vorrang habe!'* Kolosser 1, 18.''

Viele Prüfungen der Gläubigen liegen auf dem Gebiet des Erwerbes und des Geldes — der Herr benutzt dieselben, um die Seinigen zu lehren, daß sie *in allem* von Ihm abhängig sind und um ihre Herzen dankbar zu machen für Seine Fürsorge. Was es für einen Gläubigen heißt, *in Frieden* durch derartige Schwierigkeiten zu gehen, sei dargestellt durch den Brief eines Familienvaters. Diesem schon bejahrten Mann, der seit 14 Jahren Prokurist in einem großen Geschäft war, wurde die Stellung gekündigt, als die Firma in andere Hände überging. Der neue Inhaber wollte das Gehalt des Prokuristen sparen und entließ ihn unter vollster Anerkennung seiner Leistungen. Wer aber stellt gern einen Mann ein, der das 50. Jahr schon erreicht hat? Jedoch dieser Gläubige stand mit seiner Frau betend und wartend vor dem Herrn, fest vertrauend, daß er nicht beschämt werden würde. Alsdann schrieb er:

,,Viele meiner Bemühungen blieben fruchtlos. Manche Angebote bekam ich, die mir zu wenig Sicherheit boten. Am 1. Dezember bot mir eine Firma in Ch. zur Errichtung eines

Reklame-Büros hier ein großartiges Einkommen und drängte sehr, daß ich sofort ‚ja' sagen sollte. Man sagte, auf Grund der über mich erhaltenen Auskunft möchte man mich sofort engagieren.

Weil aber: 1. der Glaube nicht so eilt, und 2. bei Reklame nicht immer die Wahrheit gesagt, sondern in den meisten Fällen darüber hinausgegangen wird, sagte ich ‚nein', um mein Gewissen nicht zu beschweren, innerlich überzeugt, daß der Herr es so wünsche, selbst wenn ich mich mit schwerer Arbeit mit dem halben oder gar geringeren Einkommen begnügen sollte.

Dann machte der Herr mich nach und nach auf verschiedene Fabriken aufmerksam, deren vier mir sofort die Vertretung, eine davon sogar die Generalvertretung, übertrugen. Mit anderen stehe ich noch in Unterhandlung. Menschlich gesehen, muß ich bei einigermaßen gutem Geschäftsgang besser als bisher stehen. Doch es hängt das alles vom Herrn ab."

Dieser Christ hat die Prüfung bestanden — der Herr hat sein Vertrauen nicht beschämt.

Das Haus des Lazarus und seiner Schwestern wurde gewürdigt, das Vorbild aller Christenhäuser zu werden, welche Gott durch Krankheit oder Sterbefälle prüft. Wenn bei einer ernsten Erkrankung die Kinder Gottes still im Glauben diese Botschaft zum Herrn emporsenden: ,,*Herr, siehe, der, den Du lieb hast, ist krank!*'' so wird gewiß der Herr verherrlicht werden. Der Glaube und der Friede werden da in Schmerz und Krankheit bewährt, der Triumph des Glaubens über den Tod wird erlebt, oder die Hilfe Gottes wird in der Genesung des Kranken mit Lob und Dank erfahren. Krankheit ist auch in den Häusern der Gläubigen oftmals eine schwere Prüfung. Aber darin besteht der Unterschied gegenüber den Kindern der Welt, daß die Kinder Gottes im Frieden bewahrt, ruhend in der Treue und Macht des Herrn, solche Trübsal durchschreiten dürfen.

Wenn ein hoffnungsreicher, gesunder Sohn plötzlich in Gefahr des Erblindens kommt, wenn ein junger Sohn, der das einzige Kind seiner verwitweten Mutter ist, plötzlich zu einer Operation in das Krankenhaus gebracht werden muß, wenn eine liebliche Tochter unter den furchtbaren Schmerzen einer Bauchfell-Entzündung sterbend liegt — das sind ernste, tiefe Führungen Gottes. Da kommt es doch vor allem darauf an, daß Gott das Ziel an den Seinigen erreiche, welches Er erstrebt.

Demütige Kinder Gottes werden nicht darauf gerichtet sein, alle Krankheiten und Schmerzen so schnell als möglich wegzubeten, sondern sie werden flehen: „Herr, erreiche mit dieser Prüfung an uns *Dein gottgewolltes Ziel* und gib uns die Gnade, daß wir Dich verherrlichen." Wie schön, wenn in solchen Stunden der eintretende Arzt zu seinem Erstaunen eine friedvolle, stille Ruhe findet, wenn er erlebt, daß es bei diesen Kindern Gottes Wahrheit ist: „Ich fürchte kein Unglück, denn Du bist bei mir!"

In einem Christenhaus, wo man wirklich in der Lebensgemeinschaft mit dem Herrn lebt, wird auch plötzlich eintretende Krankheit, ja auch jäh eintretendes Sterben, nicht Schrecken, sondern eine große Stille hervorrufen. Wahre Kinder Gottes wissen in solchen Stunden: *Es ist der Herr!* Da wird die Wirklichkeit des Wortes erlebt: „*Frieden tief wie ein Strom!*"

Wenn große Not und Trübsal nach des Vaters heiligem Willen einziehen, sollte das ganze Haus gemeinsam die Knie beugen und alles still in des Herrn Hände legen. „*Herr, siehe!* Siehe hier Dein betendes, glaubendes Volk, siehe die drohende Gefahr! Siehe Deine Verheißungen in Deinem Wort!" *Solches Haus erlebt die Antwort Gottes.*

Vielfach wird die Meinung vertreten, für wahre Christen sei es ein Zeichen von Unglauben, wenn sie einen menschlichen Arzt gebrauchten. Es sei allen Gläubigen geraten, niemals solche Behauptungen als ein gesetzliches Joch auf den Hals ihrer Geschwister und Hausgenossen zu legen. Zweifellos ist der Herr der wahre Arzt Leibes und der Seele. Alles, was Zutrauen zu einem Arzt einflößen kann, besitzt Er in Vollkommenheit: Macht, Weisheit, Liebe. Erwägt man dazu, daß Jesus die Seinigen mit Seinem Blut ganz erkauft hat, Geist, Seele und Leib eines Gläubigen, so wird niemand das Recht eines Gläubigen bestreiten können, *in allen Krankheiten und Schmerzen seines Leibes wie seiner Seele Jesum im Glauben anzurühren und von Ihm ohne menschlichen Arzt und menschliche Arznei völlige Heilung zu erwarten.* Ob er aber von diesem Vorrecht nach seinem persönlichen Verhältnis zum Herrn Gebrauch machen *kann* und will, muß ihm überlassen bleiben. Wie ist es bei Zahnschmerzen? Darf ein Gläubiger sich nicht einen Zahn ausziehen lassen? Wahrscheinlich sagen alle Kinder Gottes: „Jawohl!" Es ist nicht gut, Gesetze zu machen oder stolz zu erklären: „Ich werde niemals einen Arzt gebrauchen!" Sicherlich ist es ein dem Herrn wohlgefälliges Flehen: „Herr, verleihe mir die Gnade, wenn Du es für mich gut findest, daß *Du* mein Arzt seiest, *Du allein*, bis an mein Ende!" Möchten aber alle Kinder Gottes in tiefer Demut und Vorsicht dies Glaubensgebiet betreten! Es hat schon mancher nach dem Arzt geschickt, der sich vorher vermessen hatte, alle Ärzte zu verschmähen. *Moody, der im Triumph heimging, hat einen Arzt gebraucht und gleich ihm viele Gottesmänner, zu welchen wir mit Ehrfurcht aufzublicken haben.*

Das aber ist überaus wichtig, daß die Ärzte, welche in das Haus von Gläubigen kommen, den überführenden Beweis davon empfangen, daß *der Friede Gottes ein höheres Gut ist als die Gesundheit des Leibes* und daß ein wahres Kind Gottes sich völlig geborgen weiß in der Hand seines allmächtigen Herrn. Darum muß auch *jede Beschönigung der vorhandenen Lebensgefahr gegenüber dem Kranken mit würdigem Ernst abgewiesen werden*. Ein kranker Christ wird immer wohltun, dem Arzt zu sagen: „*Ich wünsche unbedingt und rückhaltlos, die volle Wahrheit zu wissen*."

In B. wurde im Jahr 1909 ein Arzt zum Glauben geführt durch die friedvollen Zeugnisse einer alten, an Wassersucht schwer leidenden Christin. In W. brach ein jüdischer Arzt in eine laute Bewunderung der Friedensherrlichkeit eines Christenhauses aus, als er Zeuge war von dem siegreichen Abschied und Heimgang eines jungen Sohnes.

„*Der Meister ist da und ruft dich!*" Das war die Botschaft, mit der eine kinderreiche Mutter ihrem Mann mitteilte, daß der Arzt keine Hoffnung auf Erhaltung seines Lebens habe. Wo der Herr, der Friedefürst, gegenwärtig ist bei den Seinigen, da ist Frieden.

Nicht der Gebrauch des Arztes verunehrt den Herrn, sondern daß man das Vertrauen vom Herrn abwendet und sich statt dessen auf schwache Menschen stützt. Der Herr wird verunehrt, wenn *Gläubige* ihren Leib oder den ihrer Angehörigen von einer Menschenhand in die andere legen, von einer Kur zur anderen schreiten — zahlreiche Erfahrungen bestätigen es, daß Gott auf solchem Weg nicht mitgeht.

Dagegen erfahren viele teure Kinder Gottes in wunderbaren Heilungen, daß der Herr heute derselbe ist wie in den Tagen Seines Erdenwandels. Wie könnte es anders sein? Er hat ja gesagt, daß Er der ist, „der da vergibt alle deine Ungerechtigkeit, *der da heilt alle deine Krankheiten"* Psalm 103, 3. Wenn man seinen Leib als ein lebendiges, heiliges Schlachtopfer auf den Altar Gottes gelegt hat, so verlangt das Herz, daß nur Gott über diesen Leib herrsche — daher sollen Gotteskinder nur im Glaubensgehorsam handeln, sei es, daß sie einen Arzt gebrauchen oder daß sie ihn nicht gebrauchen. Als König Asa am Ende seines Lebens von Gott abgewichen war, und Gott ihm Krankheit schickte, kennzeichnet die Bibel *seine falsche Herzensstellung* mit dem Wort: „Aber auch in seiner Krankheit suchte er nicht den Herrn, sondern die Ärzte" 2. Chronik 16, 12.

Die Furcht vor Bazillen und Ansteckung sollte für einen Gläubigen nicht bestehen. So verwerflich alles leichtfertige Mißachten der tatsächlich vorhandenen Ansteckungsgefahr ist, so darf sich doch kein Kind Gottes von seiner Pflicht dadurch abhalten lassen. Wenn man weiß, daß man nach Gottes Willen Kranke besucht, so kann man alle Gefahren getrost dem Herrn überlassen; Er hat die Haare auf dem Haupt der Seinigen gezählt.

Man darf sich in allen diesen Dingen nicht zum Sklaven der Ärzte machen. Unter den vielen Formen menschlicher Sklaverei ist die moderne Sklaverei der Ärzte in vielen Fällen eine der traurigsten. Nicht nur in Krankenhäusern, auch in manchen Familien gebieten die Ärzte fast unumschränkt. Sie trennen durch ihr Machtgebot Ehegatten voneinander, schicken Kinder in die Ferne, verlangen Operationen oder Amputationen auf Tod und Leben. Ihre auf menschliche Erkenntnis gegründeten Anordnungen fordern und finden willigen Gehorsam. Gläubige, die sich all dem ohne Prüfung vor Gott unterwerfen, *leben und sterben nicht dem Herrn, sondern ihrem Arzt.* Ein hochgestellter Mann hatte im Laufe der Jahre die 60 größten medizinischen Autoritäten Europas konsultiert. Ihr Urteil über sein angebliches Leiden stimmte im wesentlichen überein. Später nahm er sich das Leben. Der Leichnam wurde seziert. Die Sektion ergab, daß alle Autoritäten der Wissenschaft sich völlig geirrt hatten!

Von der Krankheit des Lazarus sagte der Herr: „Diese

Krankheit ist nicht zum Tode, sondern um der Herrlichkeit Gottes willen, *auf daß der Sohn Gottes durch sie verherrlicht werde"* Johannes 11, 4. Dies ist auch die Absicht Gottes bei solchen Krankheiten, mit denen die Häuser treuer Kinder Gottes heimgesucht werden: *Der Sohn Gottes soll verherrlicht werden* durch das Glaubensvertrauen und den Herzensfrieden der Seinigen. Welche kostbaren Früchte bringt der Herr oftmals durch Krankheit in den Seinigen hervor.

Vier Jahre schon lag eine Christin auf ihrem Schmerzenslager; ein schweres Nervenleiden verursachte ihr unaufhörliche Schmerzen, jedes Geräusch brachte ihr Pein. Dennoch war sie so strahlend glücklich, daß sie folgende Verse dichtete:

Unterm Schatten Seiner Flügel
bin ich sicher, Jahr um Jahr.
Weicht ihr Berge, fallt ihr Hügel —
Jesus bleibt, was stets Er war;
bleibt mein Hirte, der mich weidet,
Lebensquell, nach dem mich dürst't,
Stern, der mich gen Himmel leitet,
Heiland, Retter, Friedefürst.

Arzt des Leibes und der Seele,
meine Stärke, meine Kraft,
Tilger meiner Schuld und Fehle,
Schöpfer, welcher neu mich schafft,
Trost in allen Traurigkeiten,
Kompaß auf des Lebens Meer,
heller Schein in Dunkelheiten
und im Kampfe Schutz und Wehr.

Schatten vor des Tages Hitze,
Decke vor der Nächte Frost,
Licht, wenn ich im Finstern sitze,
Zuflucht, wenn das Wetter tost,
Freistatt, drin ich wohl geborgen,
Fels, auf dem mein Glaube ruht,
Träger aller meiner Sorgen,
sicher Schutz und treue Hut.

Einz'ges Heil und Weg zum Vater,
wunderbarer Helfersmann,
mein allmächtiger Berater,
wo kein Mensch mehr helfen kann,
Freund, auf welchen ich mich lehne,
Stab und Stecken meiner Hand,
ew'ge Ruh, die ich ersehne,
Führer nach dem Vaterland.

Freude, Friede, ew'ges Leben,
Hoherpriester vor dem Thron,
Bürge, der sich dargegeben,
Hoffnung, Schild und großer Lohn,
Er, mein Glück und meine Wonne,
meine höchste Seligkeit,
meines Lebens heitre Sonne,
die mir strahlt in Ewigkeit.

Wenn ich leer bin — meine Fülle;
bin ich arm — der Reichtum mein;
in der Unruh' — meine Stille,
in der Nacht mein heller Schein.
Drum in Seinen Liebesarmen
darf ich ruhen immerdar;
unterm Schatten Seiner Flügel
bin ich sicher Jahr um Jahr!

Nach einer Evangelisationsversammlung zu L. kam ein
Postdirektor zu dem Evangelisten. Der Mann war noch unbekehrt, aber er hatte Verlangen nach Frieden. Da sagte er:
,,Ich habe zu Hause eine beständige Predigt des Evangeliums
vor mir, das ist meine gläubige Frau. Sie ist schwer krebskrank und leidet große Schmerzen. Aber sie ist immer still
im Frieden Gottes und glücklich!''

Wie oft sind von den Krankenbetten teurer Kinder Gottes
Segensströme ausgegangen weithin in das Land durch die
Zeugnisse glückseliger Gewißheit und tiefen Friedens!

Der letzte Abschied

Schnell verflogen sind die Segensjahre, welche die Gnade des Herrn zwei Gotteskindern schenkt zu gemeinsamer Pilgerschaft! Durch Tage des Sonnenscheins und Tage des Sturmes trug der treue, liebende, allmächtige Freund dieses Paar, welches Er selbst füreinander bestimmte, erzog und zueinander fügte. Wie viele Gnade und Hilfe wurde auf dem gemeinsamen Weg erlebt, wie viele Wunder erhörter Gebete! Wie manche Träne wurde auf dem Weg geweint, welche die Hand der Liebe des einen von dem Auge des andern trocknen durfte! Wie viele Stunden stillen Glückes, tiefen Dankes, heiliger Freude wurden gemeinsam durchlebt!

Vielleicht liest mancher diese Zeilen, dessen Herz jetzt seufzt: „Ach, daß es so gewesen wäre! Aber es war nicht so!" Sicherlich, viele Gläubige haben Ursache, sich zu beugen, weil ihre Ehe das nicht war, was die Gnade machen wollte — aber dann ist es ja Gottes gnadenreicher Wille: *fortnehmen, was Schuld war, heilen, was krank ist, einen neuen Anfang geben und eine erneuerte, bewahrte, gesegnete Zukunft!* Wie schön, wenn es dann im eigenen Haus erlebt wird, was der Herr einst von einem andern Haus verheißen hat: „Es soll die Herrlichkeit dieses letzten Hauses größer werden, denn des ersten gewesen ist, spricht der Herr Zebaoth; und ich will Frieden geben an diesem Ort, spricht der Herr Zebaoth" Haggai 2, 9.

Es ist gottgewollt, zu den Vorbildern vollendeter Zeugen aufzuschauen, um aus ihrem Leben Anschauungsunterricht zu empfangen über das, was die Gnade geben kann und will. „Gedenket an eure Lehrer, die euch das Wort Gottes gesagt haben; ihr Ende schauet an und folget ihrem Glauben nach" Hebräer 13, 7.

So wollen wir einen Blick tun in den letzten Abschied zweier bewährter Kinder Gottes. Wir treten da nicht in eine schwarz ausgeschlagene Trauerkapelle, sondern in lichte Räume, in welche der helle Glanz göttlicher Gnade hineinleuchtet.

Hudson Taylor, der gesegnete Begründer der China-Inland-Mission, berichtet über den Heimgang seiner ersten Frau folgendes:

„In der Nacht des 5. Juli hatte meine liebe Frau einen Anfall von Cholera. Wenn ich auch alles, was sie innerlich erlebte, mit ihr teilen durfte, kann ich doch keine Worte finden, den tiefen Seelenfrieden, die köstliche Gewißheit der liebevollen Nähe des Herrn, die innige Freude über Seinen heiligen Willen, womit sie trotz großer Körperschwäche erfüllt war, recht zu beschreiben. Am siebenten Tag wurde uns ein Sohn geboren. ‚Ich hätte gern, wenn er Noël genannt würde', sagte sie, ‚denn wenn das Wort selbst auch nicht *Friede* heißt, so erinnert es mich doch an Noah' (Noah heißt Friede).

Am 20. hauchte dieses kleine Wesen sein kurzes Leben aus.

Drei Tage später wachte ich am Bett meiner geliebten Frau. Um 4 Uhr des Morgens graute der Tag, und ich entdeckte unverkennbare Todesschatten auf ihrem Angesicht. Sie wachte mit Freude in dem Herrn auf und lächelte mich liebevoll an.

Ich sagte: ‚Liebling, weißt du, daß du bald sterben wirst?' Sie antwortete mit erstauntem Blick: ‚Ist das möglich? Ich fühle gar keine Schmerzen, bin nur sehr müde.' ‚Ja', antwortete ich, ‚du wirst sterben und schon bald bei Jesu sein.'

Nach einigen Augenblicken sagte sie: ‚Das tut mir sehr leid.' Sie hatte nämlich daran gedacht, wie bitter ich in einer so prüfungsreichen Zeit die Einsamkeit empfinden würde, wenn mir gerade jetzt meine treue Lebensgefährtin, mit der ich gemeinsam jede Schwierigkeit vor den Thron der Gnade gebracht hatte, von der Seite gerissen würde; aber sie hielt gleich inne, als sei es nicht ganz recht gewesen, Bedauern zu äußern.

‚Es tut dir doch nicht leid, zu Jesus zu gehen?' entgegnete ich. Ich werde nie dies Lächeln vergessen, mit dem sie mich dann liebewarm und innig anblickte und sagte: ‚O nein, das war es auch nicht. Du weißt es, mein Liebster, *daß während der letzten zehn Jahre nie eine Wolke zwischen meiner Seele und dem Heiland war;* deshalb kann es mir nicht leid tun, zu Ihm zu gehen. Es macht mich nur traurig, dich in dieser Zeit allein zu lassen. Vielleicht sollte ich mich auch darum nicht grämen; denn Er wird bei dir sein und alle deine Bedürfnisse stillen.'

Am 23. Juli entschlief meine Geliebte in dem Herrn. Ich weiß kaum, wer von uns beiden am meisten gesegnet wurde, so real, so beständig, so völlig befriedigend war mir Seine Nähe, so tief meine Wonne in dem Bewußtsein, daß Sein Wille geschah und daß dieser Sein Wille, wenn er mich auch zermalmte, doch gut und weise, ja das Beste für mich war.

Wir ahnen es manchmal gar nicht, welch enger Zusammenhang besteht zwischen ‚Leiden' und ‚Tröstungen', zwischen ‚Verlust um Jesu willen' und einem ‚ewigen Gewinn', der dem Verlieren unausbleiblich folgt wie die Ernte dem Säen. ‚Um Ihn zu erkennen und die Kraft Seiner Auferstehung' steht noch immer zwischen der *Selbstentäußerung* und der tieferen *Gemeinschaft Seiner Leiden*, nach der sich sogar das Herz eines Apostels Paulus sehnte (siehe Philipper 3, 7-11).

Sollen wir deshalb vor irgend etwas zurückschrecken, was in unserer Seele für Gott Raum macht? Laßt uns lieber glauben, daß, wenn Er uns einen irdischen Segen vorenthält, Er es nur tut, um uns ‚allerlei geistliche Güter' mitzuteilen, und laßt uns daran denken, daß Er mit uns handelt nicht nur zu unserem eigenen Nutzen, sondern auch zum Wohl anderer und zum Ruhme Seines herrlichen Namens, nicht für diese Zeit allein, sondern auch für die Ewigkeit." —

Nicht jeder letzte Abschied findet am Sterbebett statt. Wie oft wird da das letzte Wort, der letzte Kuß getauscht, wo man's nicht denkt, daß es der letzte wäre! Ein teures Christenpaar vornehmen Standes hatte eine Reihe von Jahren nach ihrer fast gleichzeitigen Bekehrung in glücklichster Ehe gelebt. Eines Nachts erkrankte die Frau so heftig, daß sie sich sterbend fühlte. Sie besprach mit ihrem Mann alles, was die irdische Zukunft des Hauses und die Zukunft der einzigen Tochter betraf. Mann und Frau tauschten über alle diese Dinge, wie es mit Haus und Wohnung, mit der Verwaltung des Vermögens werden sollte, ihre Gedanken in Ruhe aus. Als alles besprochen war, befahlen sie sich in des Herrn Hand und warteten in Frieden auf das Ende der Frau. Jedoch am nächsten Morgen trat in erstaunlicher Weise Besserung, ja völlige Genesung ein. Wenige Tage später, als die genesene Frau eines Vormittags ihre häuslichen Pflichten erfüllt hatte, trat sie in das Zimmer ihres Mannes ein und fand ihn *entschlafen* auf seinem Stuhl sitzend. Er war ohne irgend ein Anzeichen von Krankheit heimgegangen. Da verstand sie, daß die Güte Gottes ihr schon in jener Nacht das Abschiednehmen von ihrem Mann gegeben hatte, der nun so unerwartet von ihr genommen worden war. Sie durfte ihm in tiefem Frieden nachschauen.

Andere Kinder Gottes mußten in Verfolgungszeiten ihren letzten Abschied machen, um das Leben für den Herrn in den Tod zu geben. Kostbar, wenn dann über dem letzten Scheiden von Mann und Frau diese Überschrift steht: „Lebe wohl — der Herr ist mehr!"

So wurde es an vielen Stellen erlebt, als während des Boxeraufstandes in China die Zeugen Jesu gemartert und getötet wurden. In Taiyuen in der Provinz Schansi floß viel Blut von Kindern Gottes. Ein eingeborener Christ, der Zeuge war, berichtete von zwei Missionaren, welche mit dem lauten Zeugnis von Jesus, dem Sohn Gottes, niederknieten, um vor den Augen ihrer Frauen enthauptet zu werden. Wenige Minuten später fiel dann auch das Haupt der Frauen und der Kinder — welch ernster Abschied! Aber da war kein Zweifel, wohin der Weg ging und wo diese Kinder Gottes sich wiedersehen würden. Unter den Schrecken der Verfolgung, unter der Wut der Feinde war doch tiefer Friede. „Wir sehen uns bei dem Herrn wieder!" — das war ihnen eine glückselige Gewißheit.

Gläubige Ehegatten leben miteinander in der Gewißheit: „Wir sind auf dem Weg zur Herrlichkeit!" Wer weiß, wie lang der gemeinsame Weg auf Erden sein wird? Ob man sich Lebewohl sagt, um eine halbe Stunde in die Stadt zu gehen, ob man eine kurze Reise antritt, von der man nach wenigen Stunden oder Tagen zurückerwartet wird — unser Leben ist stets ganz nahe am Tor der Ewigkeit. Deshalb hat das Lebewohl, welches Mann und Frau sich sagen, immer eine besondere Bedeutung. Jeder Blick und Händedruck, jeder Gruß, der aus dankbar liebendem Herzen des Mannes der Frau, von der Frau dem Mann wird, sollte auf diesem Grund stattfinden: „Wir sind für Zeit und Ewigkeit geborgen, unsere Lebensreise geht zum Ziel der Herrlichkeit!"

Es zeugt nicht von liebevoller Aufmerksamkeit, wenn Mann oder Frau gehen und heimkommen ohne Gruß, wenn man es nicht nötig oder der Mühe wert achtet, vor dem Fortgehen der Frau ins Angesicht zu schauen oder bei der Heimkehr den Mann zu grüßen. Da fehlt ein Stück der zarten Liebe, über die man sich doch einst in den Tagen des Brautstandes so tief freuen konnte. Man eilt ja schneller, als man denkt, dem letzten irdischen Abschied zu.

Das letzte Scheiden ist schwer — schwerer ist *das Vermissen.* Die Zeit, welche für den Zurückbleibenden nach der Trennung folgt, ist eine besondere Zeit, so ernst, so still und doch so durchweht von der Gegenwart Gottes; man atmet Ewigkeitsluft.

Ein hochgestellter Mann erzählte, wie er zu einem alten Gläubigen kam — es war ein einfacher Landmann —, der wenige Tage zuvor seine Frau begraben hatte. Er gab seine Eindrücke mit den Worten wieder: ,,Dieser Mann sprach von seiner Frau nicht wie von einer Toten, sondern als ob sie ihm nur eben vorausgegangen wäre in die andere Stube.'' So war's ja auch in Wirklichkeit — dennoch bleibt dem Zurückgebliebenen das Vermissen. Weil's denn so schnell sein kann, daß das Scheiden kommt und nachher das Vermissen, so sollten Mann und Frau klug sein, die Tage zu nutzen und mit Dank zu genießen, in denen sie einander noch besitzen, daß sie einander mit täglich neuem Dank anschauen und sich viel Liebe, Geduld, Trost, Herzensfreundlichkeit erweisen.

Daß Mann und Frau sich in der Ewigkeit kennen, ja erst dann völlig erkennen werden, ist unbezweifelt, denn die irdischen Lebensbeziehungen werden jenseits des Todes *nicht gelöst* sein (siehe Lukas 16, 27), sondern *vollendet.* Aber gläubige Christen wissen, daß sie in der Herrlichkeit Gottes nicht mehr als Mann und Frau gegenseitig füreinander ein Sonderbesitz sein werden (Matthäus 22, 28-30). Sie sind dann an das Ziel des Weges gekommen, auf welchem sie sich auf Erden Gehilfen des Glaubens waren. Aus der Herrlichkeit blicken sie mit Lob und Dank zurück in das Tal, welches sie miteinander durchschritten haben. Sicherlich werden sie droben besondere Veranlassung haben, gemeinsam den Herrn zu preisen und zu bewundern für das, was Er an ihnen getan und wie Er ihren Gebeten und ihrem Glauben geantwortet, wie Er sie auf Adlersflügeln an das Ziel getragen hat. Wie groß die Gnade, Treue und Geduld des Herrn über uns waren, wie groß Seine Wunder und Seine Bewahrungen — das werden wir erst im Licht der Ewigkeit voll und ganz verstehen.

Wenn *eine Ehe von Gläubigen* geschlossen wird, so gehen von dieser Stunde an diese beiden Gotteskinder *gemeinsam*

Ihm entgegen. Ob der Tod das kostbare und heilige Band lösen wird, oder ob sie gemeinsam als Lebende in Christo (1. Thessalonicher 4, 17) die glückselige Hoffnung und Erscheinung der Herrlichkeit unseres großen Gottes und Heilandes Jesu Christi erleben werden (Titus 2, 13), das wissen sie nicht. Aber wie es auch sei, ob sie durch den Tod entkleidet oder ob sie bei der Ankunft des Herrn mit Herrlichkeit überkleidet werden (2. Korinther 5, 1-4) — *das Ziel des Weges ist die glückselige Begegnung mit dem Herrn.*

„Unser Wandel aber ist im Himmel, von dannen wir auch warten des Heilands Jesu Christi, des Herrn, welcher unsern nichtigen Leib verklären wird, daß er ähnlich werde seinem verklärten Leibe nach der Wirkung, mit der er kann auch alle Dinge sich untertänig machen" Philipper 3, 20-21.

Schluß

Das Wort Gottes ermahnt die Gläubigen: „Der Gastfreundschaft vergesset nicht, denn durch dieselbe haben etliche ohne ihr Wissen Engel beherbergt" Hebräer 13, 2. Wo es die Verhältnisse gestatten, wo Raum und Mittel vorhanden sind, um Gastfreundschaft zu üben, sollte ein Christenhaus allen wahren Kindern Gottes geöffnet sein. Jedoch steht man da vor einer Schwierigkeit, weil es eine nicht geringe Anzahl von *christlichen Schwindlern* gibt, welche die Sprache Kanaans sprechen, welche aber nur darauf aus sind, den Gläubigen Geld abzuschwindeln und bei denselben ein behagliches, freies Unterkommen zu finden. Es ist gut, daß man in letzter Zeit begonnen hat, vor diesen gewissenlosen Betrügern zu warnen. Eine zweite Schwierigkeit liegt in den Parteiungen der Gläubigen, von denen viele in schmerzliche Irrlehren verstrickt sind. Um so mehr sollten Kinder Gottes sich freuen, wenn sie Gelegenheit finden, treue und bewährte Geschwister unter ihr Dach aufzunehmen, um denselben in Liebe zu dienen. Der Verkehr teurer Kinder Gottes im Haus der Gläubigen bringt große Segnungen auf das Haus und *besonders auf die Kinder.* Letztere empfangen dadurch von Jugend auf einen Begriff von der Einheit der Kinder Gottes und vom Gegensatz zwischen ihnen und den Kindern der Welt.

Zu einem Christenhaus gehören auch *die Freunde des Hauses,* diejenigen Geschwister, mit denen man am Wohnort in Liebe und Vertrauen verbunden ist, mit denen man seine Freuden und Schmerzen teilt, mit denen man in Gebetsgemeinschaft steht, die zu allen Zeiten und Stunden willkommen sind. Der Eintritt wahrer Freunde kommt niemals ungelegen, bringt immer Freude — denn diese verstehen es auch, wenn man die Hände voll Arbeit hat und stehlen ihren Freunden nicht die Zeit. Es kommt nicht darauf an, wie reich, vornehm oder gebildet unsere Freunde sind, wohl aber darauf, ob sie glaubend vor Gott wandeln, und ob sie die Geschwätze der Welt vermeiden. Solche Freunde, welche die Neuigkeiten der Stadt und die böse Nachrede über andere in das Haus bringen, werden nie zum Segen sein. Ein erfahrener Christ, welchem ein Besucher Verleumdungen über Abwesende vorzutragen begann, brachte diesen mit dem Zuruf zum Schweigen: ,,*Hier wird kein Schutt abgeladen!*''

Zu den *Freunden* eines Christenhauses sollten auch solche Arme und Bedürftige zählen, die man kennt, die man besucht, denen zu helfen Freude und Vorrecht ist. Denn das Wort Gottes weist die Gläubigen an: ,,Ein reiner und unbefleckter Gottesdienst vor Gott und dem Vater ist dieser: Waisen und Witwen in ihrer Drangsal besuchen, sich selbst von der Welt unbefleckt erhalten'' Jakobus 1, 27. Es ist ein großer Nachteil für das ganze Leben der Kinder von wohlhabenden Christen, wenn diese niemals in die Wohnungen der Armen kommen, um zu erleben, wieviel Not, Mangel und Tränen uns von allen Seiten umgeben. Daß für bedürftige Geschwister und für Arme ein freundliches Herz und eine offene Hand da sei, gehört zu den Wahrzeichen eines Christenhauses.

Paulus empfahl den Gläubigen zu Korinth, allwöchentlich von ihren Einnahmen etwas zurückzulegen, um notleidende Geschwister zu unterstützen. Es ist sicherlich nützlich, von dem, was Gott gab, in eine besondere Kasse zurückzulegen für das Werk des Herrn und für die Bedürftigen. Welcher Prozentsatz vom Einkommen der Regel nach dazu verwendet werden soll, darüber kann man kein Gesetz machen. Immerhin ist es ein guter Anhalt zur Beantwortung dieser Frage, daß der gläubige Israelit dem Herrn den Zehnten gab. Jedoch *alles* gehört dem Herrn, die Gläubigen sind *nur Verwalter* all der Güter, welche Gott ihnen anvertraute: Gesundheit, Zeit, Kraft, Verstand, Geld und Gut. Gott sucht an Seinen Verwaltern nur, daß einer treu erfunden werde (1. Korinther 4, 2). —

Zum Schluß sei das Bild eines wahren Christenhauses aus der Wirklichkeit des Lebens gezeichnet:

,,Unser Haus hatte drei Räume, der eine war das Territorium meiner Mutter und war Küche, Wohn- und Esszimmer zugleich; auch enthielt er zwei große, hohe luftige Betten mit Umhängen. Das zweite Zimmer, am anderen Ende des Hauses, war meines Vaters Werkstätte, in der fünf oder sechs Strumpfwirkstühle standen, die, fleißig in Bewegung, die Kaufleute von Dumfries mit echter, guter Ware versorgten.

Eine dritte Stube, zwischen den beiden gelegen, war klein; sie hatte nur Platz für ein Bett, einen kleinen Tisch und einen kleinen Stuhl; ein schmales Fensterchen brachte nur wenig Licht. Dies war das Heiligtum der Hütte. Hierhin sahen wir unseren Vater sich mehrmals täglich, gewöhnlich nach jeder Mahlzeit, zurückziehen; wir hörten ihn die Tür verriegeln, und wir Kinder errieten durch eine Art geistigen Instinkts (denn die Sache war zu heilig, um sie zu besprechen), daß unser Vater dort für uns bete, wie der Hohepriester im Allerheiligsten. Mitunter hörten wir den ernsten Ton der bewegten Stimme, die bat, als ob es unser Leben gälte, und wir lernten es, nur auf den Zehen an dem Zimmerchen vorüberzuschleichen, um nicht zu stören. Die übrigen Menschen wußten es wohl nicht, woher dieser Strahl von Glück und Freundlichkeit, das liebevolle Lächeln in des Vaters Zügen kam, wir aber wußten es: *Es war der Widerschein der Nähe Gottes, in deren Bewußtsein er stets lebte.* Nirgends, weder in Tempeln noch in Domen, weder auf den Höhen der Berge noch in Tälern, kann ich je die Nähe Gottes mehr empfinden, mehr Sein direktes Wirken auf den Menschen fühlen, als es in unserer ärmlichen Hütte der Fall war. Wenn durch irgend eine undenkbare Katastrophe alles aus meiner Seele und meinem Gedächtnis hinweggeschwemmt würde, was sich auf den Glauben bezieht, so würden die Gedanken doch, zu diesen Bildern der frühen Kindheit heimkehrend, das Echo der Gebete und des Rufens hören, und jeder Zweifel würde schwinden mit den Worten: ‚*Er ging mit Gott um, warum dürfte ich es nicht auch tun?*‘ " (John Paton.)

Die Häuser der Gläubigen gleichen den Zelten Israels in der Wüste, von welchen Gott sagte: ,,Wie schön sind deine Zelte, Jakob, deine Wohnungen, Israel! Gleich Tälern breiten sie sich aus, gleich Gärten am Strom, gleich Aloebäumen, die der Herr gepflanzt hat, gleich Zedern am Gewässer" 4. Mose 24, 5-6.

Diese Zelte werden abgebrochen, wenn die Zeit des Bleibens abgelaufen ist. Ein Christenhaus hat wie jedes Menschenleben auf Erden sein Werden, Wachsen, Vollendetwerden und Vergehen. Aber seine Segensspuren und Früchte dauern ewig.

Es ist ernst und schmerzlich, wenn für die Kinder eines Christenhauses durch den Tod der Eltern die Tür des Vaterhauses geschlossen wird. Aber, dem Herrn sei Preis, die wir, durch die Gnade errettet, Kinder Gottes geworden sind; wir sind auf dem Weg zu der *unvergänglichen Herrlichkeit des himmlischen Vaterhauses*, von welchem jedes wahre Christenhaus auf Erden nur ein schwaches Gleichnis ist. In diesem Vaterhaus sind viele Wohnungen.

Dorthin ging der Herr voraus, um den Seinigen eine Stätte zu bereiten. Wie kostbar ist diese Gewißheit für jedes Kind Gottes: ,,Auch für mich ist eine Stätte bereitet im Vaterhaus Gottes, von welcher geschrieben steht: ‚Was kein Auge gesehen und kein Ohr gehört hat und in keines Menschen Herz gekommen ist, was Gott bereitet hat denen, die Ihn lieben'" 1. Korinther 2, 9.

,,Und ich hörte eine laute Stimme aus dem Himmel sagen: Siehe, die Hütte Gottes bei den Menschen! Und Er wird bei ihnen wohnen, und sie werden Sein Volk sein, und Gott selbst wird bei ihnen sein, ihr Gott. Und Er wird jede Träne von ihren Augen abwischen, und der Tod wird nicht mehr sein, noch Trauer, noch Geschrei, noch Schmerz wird mehr sein; denn das Erste ist vergangen" Offenbarung 21, 3-4.

Wir freuen uns, Ihnen zum Thema dieses Buches folgende weitere Bücher empfehlen zu dürfen:

Dein eigen bis in den Tod

E. Modersohn, TELOS-Taschenbuch Nr. 323. — „Was ein Vater seiner Tochter am Hochzeitsmorgen sagt" und „Was eine Mutter ihrem Sohn am Hochzeitsmorgen sagt" — unter diesen beiden Themen finden sich hier eine Menge wichtiger, auf die Bibel gegründeter Gedanken, deren Beachtung für viele einen unermesslichen Segen bringen kann. Man merkt, daß der Autor eine große seelsorgerliche Erfahrung hat, und das gibt dem Büchlein noch einen besonderen Wert. — 80 S.

Was sagt uns Gott durch unsere Kinder?

Stückelberger / Rossier, TEL.-Taschenbuch Nr. 115. — 88 S.

Mina

M. Gut, TELOS-Paperback Nr. 2084. — Mit Liebe, Verlobung, Heirat und Ehe können sich auch Begriffe verbinden wie Hoffnung, Sehnsucht, Freude, Erfüllung, Glück, aber auch dunkle Ahnungen, schwere Enttäuschungen. In der lebendigen, erschütternden und doch auch wieder mutmachenden Erzählung „Mina" finden sich einige dieser Dinge! Das Buch ist sowohl für Gläubige als auch Ungläubige und sowohl für junge als auch ältere Menschen sehr zu empfehlen! — 160 S.

McTaggarts Versprechen

B. Palmer, TELOS-Paperback Nr. 2056. — Und wenn eine Ehe zerbricht? Ist da wirklich alles aus? Ist jede Hoffnung dahin? — Die interessante Erzählung aus dem Norden Kanadas konfrontiert uns eindrücklich mit diesen Fragen. — 176 S.

Heimatsucher

H. von Redern, TELOS-Paperback Nr. 2020. — Als Gerichtsschreiber verkleidet, gelingt es Ursula in die düstern Kerker von Schloß Werfen vorzudringen und ihren um des Glaubens willen dort schmachtenden Geliebten, Joseph Gruber, zu besuchen. Doch dann gibt es eine neue Trennung: Joseph wird des Landes verwiesen. Keine Post erreicht ihr Ziel. Die gegenseitige Treue wird belastet, bedroht und bewährt. — Ein sehr ergreifendes und wirklich lesenswertes Buch! — 208 S.